普通高等教育艺术设计类专业系列

信息传达设计

边蕊　主　编
葛露　王霜　副主编

化学工业出版社

·北京·

内容简介

本书核心内容围绕信息可视化展开，全面且深入地阐述了该领域的诸多关键知识。从信息的多元形态，如文字、图像、音频等入手，剖析信息背后的价值，引领读者走进信息可视化的世界。深入讲解信息图表设计，包括设计概述、内容要素、制作方法等，详细介绍统计类、流程类等多种图表类型及其应用场景，并结合认知心理学、统计学、设计学等多学科理论，为设计提供科学依据。同时，探讨信息传达设计相关要素，展现其在不同领域的创新应用及发展前景。

无论是对信息可视化领域感兴趣的初学者，还是希望提升专业技能的设计人员，这本书都能提供全面且实用的知识，助力读者在信息可视化领域深入学习与实践。

图书在版编目（CIP）数据

信息传达设计 / 边蕊主编 ；葛露，王霜副主编.
北京 ： 化学工业出版社，2025. 9. -- （普通高等教育艺术设计类专业系列教材）. -- ISBN 978-7-122-48543-4

I. J06

中国国家版本馆CIP数据核字第2025HQ1596号

责任编辑：李彦玲 任欣宇
责任校对：王鹏飞 　　　　　　装帧设计：王晓宇

出版发行：化学工业出版社
　　　　　（北京市东城区青年湖南街13号 邮政编码100011）
印　　装：天津千鹤文化传播有限公司
787mm×1092mm　1/16　印张13½　字数252千字
2025年9月北京第1版第1次印刷

购书咨询：010-64518888　　　　　售后服务：010-64518899
网　　址：http://www.cip.com.cn
凡购买本书，如有缺损质量问题，本社销售中心负责调换。

定　　价：69.80元　　　　　　　　版权所有　违者必究

前言

在信息爆炸的时代，数据与信息如潮水般涌来，如何在这片信息海洋中精准地获取、理解并利用有价值的内容，成了每个人面临的挑战。传统的信息呈现方式，如纯文字或简单的数据表格，已难以满足人们快速理解和分析信息的需求。而信息可视化作为一门跨学科领域，为人们提供了一种高效且直观的解决方案。本书正是基于这样的背景创作而成，旨在深入探讨信息可视化的奥秘，帮助读者掌握这一强大工具，提升信息处理能力。信息可视化以图形、图表等直观形式展示信息，能够帮助人们迅速抓住关键要点，发现数据背后的规律和趋势。本书系统地介绍信息可视化的理论、方法和应用，让读者了解其重要性，学会运用相关技巧设计出有效的信息图表，从而在各自的领域中更好地处理信息、做出决策。

本书内容丰富全面，结构清晰合理。第一章带领读者走进信息可视化的世界，从信息的多元形态、挖掘信息背后的价值开始，介绍信息可视化的历史、定义，阐述读图时代对信息可视化的需求以及设计师应具备的信息处理能力，同时深入探讨信息可视化涉及的多学科理论基础。第二章聚焦信息图表设计概述，解析信息图表的概念、应用范围，详细介绍其设计功能、原则和类型，为读者构建起信息图表设计的基础框架。第三章深入剖析信息图表设计的内容，包括标题、数据和信息、图形和图像、文字说明、布局与排版等共通要素，以及主次信息的处理和不同媒介形式的特点。第四章围绕信息图表的制作方法展开，涵盖确定目标和受众、数据准备与处理、选择图表类型、设计视觉元素与布局、优化与最终敲定等流程，并介绍了常用的设计软件。第五章探讨信息传达设计的相关要素，明确信息传达的核心目标，展示跨领域应用与创新案例，展望信息可视化的发展前景。为便于教学使用，本书设置了项目实训手册，帮助读者巩固所学知识，提升实践能力。

本书主编为河南工业大学设计学院边蕊，副主编为郑州航空工业管理学院葛露、河南牧业经济学院王霜，参编者为广东科技学院高琳娜、路遥和淄博师范高等专科学校的李瑞乾。同时衷心感谢研究团队中的赵欣然、李卓凡、陈湘函、桑雯熙，她们为本书的出版付出了辛勤的努力，凭借各自专长，对内容进行扩充与丰富。在漫长的创作过程中，我们反复研讨、不断修改，只为将信息可视化的知识与技巧以最清晰、最易懂的方式呈现给每一位读者。

信息传达设计是一个充满活力和创新的领域，希望本书能成为你探索这个领域的得力助手。如果你在阅读过程中有任何疑问、建议或想法，欢迎交流。让我们一起在信息传达设计的世界中探索，共同提升信息处理和表达的能力，更好地应对信息时代的挑战。

编者

2025年5月

目录

第五章
信息传达设计的跨领域应用与发展前景

电子教案

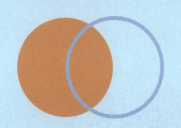

第一章
走进信息可视化

▶ 第一章配套课件 ◀

导读

　　在信息时代的大背景下，信息可视化作为沟通复杂信息的关键桥梁，其重要性日益凸显。本章旨在系统梳理信息的多元形态与核心特征，通过深入分析信息可视化的跨学科内涵，带领读者追溯其起源与发展轨迹。在此基础上，本章将详细阐述文字、图像、音频、视频和数据信息的独特价值，剖析信息可视化在现代社会各领域的广泛应用与深远意义。通过本章学习，读者将能够从宏观与微观层面全面理解信息可视化的本质与作用，为后续深入研究奠定坚实基础。

知识目标

1. 深入理解信息的多样性，精准把握文字、图像、音频、视频和数据信息的形态与特点。
2. 全面领会信息可视化的跨学科内涵，熟练掌握其定义与核心特征。
3. 系统探究信息可视化的发展脉络，明晰其从古代图形记录到现代大数据可视化的演变过程与阶段性特征。
4. 清晰认知不同信息类型在现代社会中的独特价值，以及信息可视化在多领域的重要意义和多元应用。

能力目标

1. 具备从不同视角解读信息的能力，深入洞察信息的本质、关联与潜在价值。
2. 敏锐感知信息变化，迅速捕捉关键信息，培养对信息变化的敏捷反应能力。
3. 运用所学知识，尝试创新性地整合与表达信息，激发创意潜能。
4. 初步掌握运用多学科理论分析信息问题的能力，并能将其应用于设计实践，为解决复杂信息问题提供有力支撑。

第一节　从信息中认识世界

信息，是我们理解世界的基石。它以多种多样的形式存在，从简单的文字符号到复杂的图像音频，从古老的故事传说到前沿的科学研究。通过对信息的深入剖析和理解，我们能够洞察事物的本质，找到时代的规律。它不仅能帮助我们回顾过去，总结经验教训，还能让我们预测事物未来的发展趋势，为前行指明方向。在当今这个大数据与网络信息交织的时代，信息的总量达到了前所未有的高度，信息的获取也更加便捷，无论我们的需求是什么，仅需轻点指尖，便能轻松访问到种类繁多、数量庞大的信息资源，信息快速增长的态势促使我们寻求更加便捷与高效的途径来捕获这些信息。

（一）信息的多元形态

在信息时代，我们被各式各样的信息所包围。信息的形态繁多，从文字、图像、音频到视频，它们以不同的形式和载体存在。例如，社交媒体上的动态、新闻报道、科学研究论文、历史文献等，都是信息的体现。这些信息形态不仅丰富了我们的认知，也极大地便利了信息的传递和交流。

1. 文字信息

文字作为最古老且广泛使用的信息载体之一，在信息可视化和传达设计中扮演着至关重要的角色。文字信息是一种通过语言符号来表达和传递信息的方式，它是人类沟通和记录知识的基本工具之一。文字信息的起源可以追溯到5000多年前的古代文明，如苏美尔文明的楔形文字和古埃及的象形文字（图1-1）。这些早期的文字系统主要用于记录交易、法律和宗教仪式。随着时间的推移，文字系统逐渐发展和完善。中国的甲骨文为后来复杂的汉字系统的形成奠定了基础（图1-2）。15世纪，古腾堡从中国活字印刷术得到启发而

图1-1　楔形文字（左）与象形文字（右）

图1-2　中国古代甲骨文

发展的铅字活字印刷术极大地推动了西方文字信息的传播。书籍的大量复制和分发使得知识和信息得以迅速扩散，对文艺复兴和科学革命产生了深远的影响。20世纪，随着计算机和互联网的出现，文字信息的存储、编辑和传播方式发生了革命性的变化。数字化和网络化使得信息的获取和分享更加便捷和快速。

文字信息在现代社会应用关键且多样：教育中是传递知识与教学互动的工具，用于教科书、学术论文及智能教育平台；商业中服务于品牌建设与广告文案，需遵循易读易记易识别原则；新闻媒体里是报道核心，既用于事件叙述与深度分析，也通过标题摘要吸引读者。随着技术的发展，文字信息的应用场景也在不断扩展和演变（图1-3）。

文字信息能够传递来自不同领域、不同文化的知识和经验。通过阅读和学习这些文字信息，人们可以不断拓展自己的认知边界，了解更广阔的世界，且文字信息中蕴含着的丰富思想和观点可以激发人们的创新思维和想象力。通过思考、分析和批判这些文字信息，人们可以产生新的想法和创意，推动社会的进步和发展。

2. 图像信息

图像信息是通过视觉元素来表达和传递信息的一种方式，它利用图形、颜色、布局和空间等元素来沟通思想和情感。图像信息不仅仅是简单的视觉呈现，它是一

图1-3　新闻报道中的文字信息

种复杂的语言，能够跨越语言和文化的障碍，直接与观众进行交流。图像信息的力量在于它能够激发观众的想象力和情感反应，使信息的传递更加生动和有说服力。

在远古时期，人类就开始通过在洞穴壁上绘画来记录信息。随着文明的发展，绘画逐渐成为一种艺术形式，在不同的文化中蓬勃发展。从东方的水墨画到西方的油画，画家们通过精湛的技艺描绘人物、风景、宗教场景等各种图像。这些绘画作品不仅具有艺术价值，也在一定程度上记录了当时的社会风貌、宗教信仰和审美观念（图1-4）。在中国，唐朝时期发明的雕版印刷术是图像复制技术的重要进步（图1-5），它的操作方法是将插图通过木板雕刻的方式制作，然后进行印刷。19世纪初，随着摄影术的发明，湿版摄影法、干版摄影法相继出现，摄影技术不断改进，柯达克罗姆彩色胶卷等产品的出现，使得

彩色摄影也逐渐普及。彩色照片能够更加真实地记录世界的色彩，在新闻、广告、家庭摄影等领域得到了广泛的应用。

图1-4 《五台山图》

图1-5 雕版印刷术

20世纪60年代，计算机图形学作为一门学科开始发展。随着计算机性能与图形算法提升，计算机图形技术在商业和艺术领域得以应用，设计师可用软件制作图形图像。在平面设计中，图像转图形可创更具创意和风格化的作品，如将摄影图像转化为商标、海报、包装等设计元素。如图1-6所示的海报，是科罗娜品牌联合不同地区的摄影师合作合成的拍摄，用弯月形的太阳与其瓶口插着的一片酸橙相呼应，体现了该产品的经典造型与品牌理念。

图像信息作为强大的沟通工具，凭借直观性、表现力和吸引力实现高效信息传递。其直观性让观众无需文字转换即可迅速捕捉信息核心，成为传达复杂内容的有效方式；表现力则通过色彩、形状和构图形成视觉冲击，以视觉形式传递文字难以呈现的复杂情感与抽象概念；吸引力体现在既能跨越语言文化障碍成为通用语言，又能激发观众好奇心，显著提升信息传播效果。

图像信息在信息传播、接收和认知过程中至关重要。一幅复杂的图像，如图1-7是一幅城市街景图，人们可以同时看到建筑的外观、街道上的行人、车辆以及各种广告牌等多种信息，并且能够在脑海中构建出一个完整的场景，这种多元素的同时接收能力是文字信息难以企及的。

3. 音频信息

音频信息是指以声音为载体所包含和传递的各种内容。音频信息具有多种特点，它能

图1-6 科罗娜啤酒品牌海报设计

图1-7 城市街景图

够通过声音的高低、强弱、节奏、音色等元素来表达丰富的情感、思想和信息。

音频信息的发展历程是一个漫长且充满变革的过程。19世纪末，托马斯·爱迪生发明了留声机（图1-8），这是音频信息记录的开端。它通过在锡箔等材料上刻蚀声音的振动来记录和重现声音。20世纪20年代，电子管放大器开启了电子录音时代。50年代诞生的立体声技术利用双声道营造立体声场。

音频凭借直观性和情感表现力，通过音调、节奏等元素跨越语言障碍传递信息，无需视觉辅助即可适配驾驶、运动等多任务场景，并为视障群体提供信息平等通道。其连续流动特性结合空间塑造能力，在教育、广告及娱乐领域广泛应用——如音频教材强化学习、沉浸式广告吸引关注、音乐与有声书丰富生活，通过多维感官渗透实现高效传播与情感共鸣，同时还具有氛围塑造力（图1-9）。

声音在我们接受信息认识事物的过程中起到了至关重要的作用，主要体现在以下几个方面：提供直接信息，增强空间感知，情感交流，语言学习，环境认知，安全警示（图1-10）。

4. 视频信息

视频信息是一种结合了视觉和听觉元素的多媒体信息形式，它通过连续的图像序列和同步的声音来传递信息和讲述故事。视频信息的丰富性和动态性使其在现代成为一种非常有效的沟通和表达手段。

在电影诞生的早期，视频制作完全是手工操作。通过手工搭建场景、使用简单的摄影设备逐帧拍摄画面。《滑稽脸的幽默相》被认为是世界上第一部动画影片（图1-11），制作者运用了逐帧拍摄的手法，在黑板上绘制一系列幽默的表情和动作，然后逐格拍摄下来，展现了人物的滑稽表演和各种有趣的场景，为动画的发展奠定了基础。

图1-8 爱迪生家用B型留声机/
迪士普博物馆　　图1-9 闹钟声响给人带来
紧张的感受　　图1-10 救护车警报声提醒周围
车辆避让

图1-11 《滑稽脸的幽默相》逐帧画面/布莱克

视频信息的叙事性是其核心特点之一。视频的核心叙事性通过动态镜头组合构建完整故事框架，结合人物表情、音乐节奏与场景氛围触发深度情感共鸣。其动态特性以连续时空呈现真实世界，配合色调与光影的情感暗示，形成强效说服力。

视频是高效有力的信息传递工具，它通过图像、声音和动态画面的组合，全方位生动展现信息。能直观呈现复杂概念流程，吸引观众并增强记忆；可传递真实可信信息，跨越语言文化障碍。在教育、新闻、商业、社会服务等领域，视频分别助力知识讲解、事件呈现、产品推广和服务优化。

科技的进步使得视频信息的制作和呈现变得更加容易，视频信息的这些特点使其在教育、娱乐、新闻、商业和艺术等多个领域中都发挥着重要作用，成为一种不可或缺的信息传递和表达手段。随着互联网和移动设备的普及，视频信息的应用场景和影响力将持续扩大，成为现代社会沟通和分享知识的重要平台。

5. 数据信息

数据是描述客观世界的符号记录与信息量化表现，是构成信息和知识的基本单元，未经加工时单个数据独立无关，经排列或表达后可反映趋势观点。图表、图形等视觉化手段能让复杂数据直观易懂，如条形图用于比较数量、折线图呈现时间变化趋势。

数据记录与呈现方式随时代发展不断演变。远古时期，人们用小石子、贝壳等实物直观记录简单数据，但存在记录量有限、难运算分析的问题。文字出现后，数据以文字形式记录于竹简、丝绸等载体，可表达复杂信息，却不够直观且依赖阅读者文化水平。古代文明中出现简单图表形式，如古埃及建筑图纸、古希腊知识图表，但应用范围窄。中世纪起，学者用图形化方法表达数据用于科研，专业性强难以普及。18世纪，受工业发展推动，数据图更多反映社会事物，制作进入成熟期。19世纪，随着工业革命的推进和数据量的增加，机械制表技术出现。使用穿孔卡片来存储和统计数据，人们可以根据这些数据制作出简单的统计图表，如柱状图、饼图等（图1-12），用于展示人口普查数据、企业财务数据等。这些图表使数据的比较和分析更加直观。

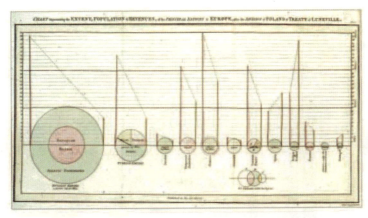

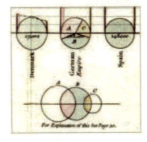

图1-12　威廉·普莱费尔绘制的饼图

20世纪90年代互联网普及推动数据展示变革，网页成为重要平台，数据展示形式从文本走向多样化的交互式图表与动态图形。此时数据可视化技术飞速发展，借助工具可将复杂数据转化为树状图、桑基图、词云等新颖图表，且图表多具交互功能，用户能通过点击、拖动等操作挖掘数据细节、筛选子集以深化理解分析。

数据信息具有量化性、多样性、可处理性及可表示性：量化性使其可通过数学和统计方法分析，揭示趋势、关联与异常；多样性体现在来源、领域广泛及结构化、非结构化、半结构化等多种存在形式；可处理性借助软件和算法挖掘价值，是数据分析与大数据技术的基础；可表示性通过图表等可视化手段增强，直观展现数据关系与结构，提升可读性并促进沟通理解。

数据在信息传递中至关重要，它以精确、客观、系统的方式呈现现象，消除模糊与不确定性，通过数值、统计结果和量化指标清晰表达事实与趋势。

（二）挖掘信息背后的价值

1. 图形信息的价值

著名设计理论家尹定邦先生指出："所谓图形，指的是图而成形，正是这里所说的人为地创造的图像。"图形存在的价值就是传达。图形不仅是强大的信息传递工具，也是对纯语言交流表达不充分的补足。拿生活中常见的例子来说，不论是在国内还是国外，我们在分辨男女卫生间时，一般都是凭借着男女的象形图标志来区分的（图1-13）。

图1-13　男女性别标志

图形的价值体现在其能够将复杂的数据和概念转化为直观、易于理解的视觉形式，极大地增强了信息的传递。例如巴黎2024奥组委在视觉标识上采用了色彩丰富且大胆的设计，以此映射法式优雅以及本届奥运会的灵魂。此次巴黎的奥运会图标共有62个，每款体育图标都是一个荣誉勋章，不仅象征着运动项目，也体现着各个运动家族的荣耀感及其所倡导的价值观和已经成形的运动社区。每个体育图标都由三种图形元素组成，包括一个对称轴、一个对于赛场的描绘以及它所代表的运动项目（图1-14）。

2. 文字信息的价值

文字信息在日常及信息可视化中应用广泛，常与图形、图表等视觉元素结合以提升信息传达效率。它能准确传达复杂概念、定义、解释与说明，对理解可视化数据或图像的背景、意义及细微差别至关重要，如地图需以图像为主并配以文字说明来辅助解释。例如奥提伽岛创意地图的呈现，地图主要表示的是在一幅画面中呈现奥提伽岛文化、风格、建筑和自然遗产，采用了由简单的形状和图标构成的图形语言对其进行诠释，而非复杂的方式，但关于地图上这些简化过的地标建筑，都配以了文字进行说明解释（图1-15）。

仅有图表数据时，恰当运用文字可清晰表明数据呈现、突出重点。简洁文字能直接传达可视化核心信息，引导观众关注关键内容，如在数据图上用醒目文字标注峰值、转折点

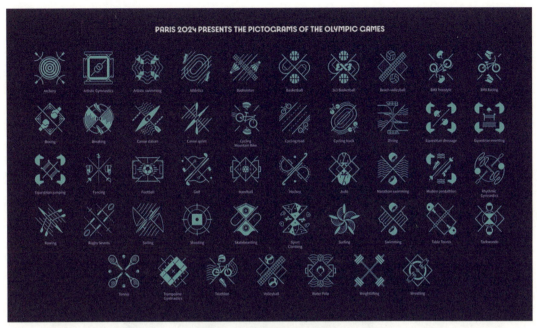

图1-14　巴黎2024体育图标

图1-15　奥提伽岛地图

或异常值。这一张汽车销量统计图表是一个非常好的例子，该图表使用了抛物线图、节点图等图表模型来表现了2010—2014年的全球各系品牌汽车销量的数据（图1-16）。

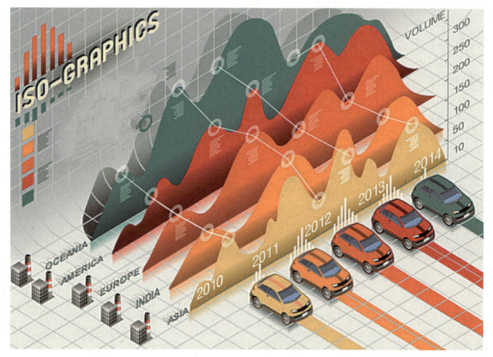

图1-16 汽车销量统计图表

3. 音频信息的价值

在信息可视化作品中，音频信息可以作为一种强有力的补充，帮助观众更快地理解和吸收信息。音频作为人类获取信息的第二大感官，其重要性日益凸显。好的声音设计可以有效传达信息、降低认知负荷、提高效率、传达品牌特性、影响用户情绪，甚至触达用户的反思层面。

音频可视化是一种将音频信号转化为视觉表现形式的技术。它通过采集音频数据，利用计算机图形学和图像处理技术，将声音的波形、频率、强度等信息以图形化的方式呈现出来。音频可视化技术可以增强用户的交互体验。音频可视化技术可以将音频与视频、动画、游戏等其他媒体形式结合，创造出全新的艺术作品（图1-17）。这种跨媒体的融合不仅为艺术家提供了更广阔的创作空间，也为观众带来了更丰富的感官体验。

音频信息在交互式可视化作品中通过视觉化形式将声音转化为视觉艺术，实现视听结合以触动观众情感、提升艺术效果，并能让图形色彩随用户互动变化以创造沉浸式体验。例如，通过触摸或动作捕捉技术，用户可以与可视化作品进行互动，音频信息随之变化，增强了用户的参与感（图1-18）。

图1-17　老北京声音回忆录

4. 视频信息的价值

视频信息在生活中的重要性日益凸显，它能同时传递视觉和听觉内容，使信息传递更直观高效。为创作者提供新表达媒介，可融合多种元素创造多样化艺术作品和创意内容。电影、电视剧、短视频和直播等视频内容丰富娱乐选择，是文化传播的重要途径，也广泛用于商业领域的产品宣传、品牌推广和市场营销。

在展示复杂数据和分析结果方面，视频信息更具优势，能帮助专家和决策者更好理解数据。与纯文本或音频相比，视频能更直观展示复杂概念和过程，其动态画面、声音和色彩等多元素组合能吸引观众注意力，让观众沉浸其中，且可包含大量视觉元素和细节。

视频信息在分享与传播上也有优势，在数字时代易通过社交媒体平台、视频网站等分享，可使信息迅速扩散。在跨文化传播方面，其对语言依赖较小，有助于不同文化间的交流和信息传递。

5. 数据信息的价值

数据信息在信息可视化中发挥关键作用。它是可视化核心内容，通过直观图表等呈现，使信息易于理解。

数据信息在当今社会具有多方面的重要价值。在经济领域，企业借助消费者数据分析实现精准营销，增加收入并降低成本；在创新方面，数据信息为产品创新提供思路，互联网和硬件制造企业据此开发

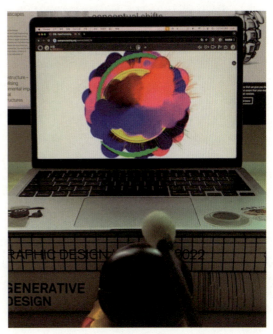

图1-18　敲木鱼声音交互可视化

新产品功能；在社会层面，数据信息在医疗、教育、环境等领域助力提高生活质量，如医疗中的精准诊断、教育中的个性化学习路径及促进教育公平、环境监测数据的治理应用等。

第二节　信息可视化的崛起

（一）信息可视化的历史

1. 信息可视化的早期起源

最早的信息可视化起源于人类记录和理解世界的尝试。在古代文明中，人们使用壁画、象形文字和简单的图表来记录事件、描述天文现象和表达社会结构。这些可视的表达形式是人类理解复杂信息的早期尝试。例如，古埃及文明使用象形文字记录宗教仪式、法律和日常生活（如罗塞塔石碑就使用希腊文字、古埃及文字和当时的通俗体文字这三种不同语言版本镌刻），这些文字不仅传达了语言信息，也通过视觉形式展示了意义（图1-19）。在古代中国，甲骨文的刻写也是一种信息可视化，记录了占卜结果和天文观察（图1-20）。在古希腊，地图和天球图的制作展示了对地理和天文知识的早期理解。

地图是信息可视化的重要形式之一，早在公元前4世纪，古希腊人就开始绘制地图，用于航海和地理探索。古代的地图不仅能够表示地理位置和地形地貌，还能够传达政治、经济、文化等方面的信息。例如，中国古代的《禹贡》《山海经》等文献中就包含了对地理信息的描述和地图的绘制。随着时间的推移，地图的绘制技术不断提高，地图的精度和信息量也不断增加。到了中世纪，地图和海图变得更加精细和实用，为探险家和商人提供了重要的导航工具。这些地图通过视觉化的方式展示了地理信息，帮助人们理解空间关系和地理位置。例如被认为是"中世纪地图学最伟大的记载"的毛罗地图，毛罗地图是由威尼斯共和国地图学家弗拉·毛罗于1457—1459年绘制完成的世界地图。地图上不仅有着洲、大陆、山川的各种图画，还写着大量的注释和批注，增添了很多文字版的地理信息。在众多海图中，毛罗地图为人类走向远海起到了重要作用。

2. 近代信息可视化的发展

17世纪至19世纪是科学革命的时期，科学研究的发展推动了数据可视化的进步。在天文学领域，科学家们使用图形和图表来表示天体的运动和位置关系；在物理学领域，实验

图1-19　古希腊象形文字 　　　　　　　　　　　　　　图1-20　甲骨文

数据的可视化帮助科学家们更好地理解物理现象；在生物学领域，生物学家们使用图形来表示生物的形态和结构。信息可视化作为概念的真正起点通常被认为与统计图表的发展相关。在18世纪，威廉·普莱费尔被广泛认为是统计图表的先驱，他创造了条形图、折线图和饼图等图表形式，这些图表使得复杂的统计数据能够通过视觉化的方式被更广泛地理解（图1-21），标志着信息可视化从简单的视觉记录向系统化、标准化的数据分析转变的重要一步。

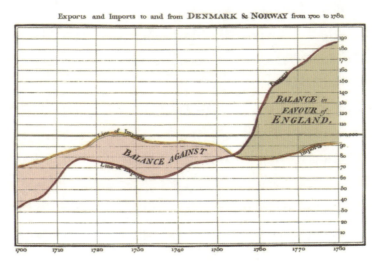

图1-21　威廉·普莱费尔绘制的图表

3. 20世纪可视化的快速发展

20世纪60年代，法国的雅克·贝尔廷在他的作品《图形符号学》中试图统一图形和演示，为直观地生成信息、更好地理解统计分析提供了巨大的洞察力。他的理论指明了图表的基本元素，描述了图表的设计框架，为信息可视化的发展奠定了理论基础。在这本书中，贝尔廷基于自己作为制图师的实践经验，进行了理论上的探索与总结。他将构成图形符号的基本因素抽取出来，提出了"视觉变量"的概念。视觉变量主要包括形状、尺寸、色彩、方向、亮度和密度等，这些变量分别以点、线、面的形式出现。通过对这些视觉变量的运用和组合，图形可以传达不同的信息和意义。例如，形状变量可通过地图符号的形状变化来区分不同的事物或其属性特征；色彩变量是最活跃的一种变量，能丰富图形的表达。《图形符号学》的第一部分尝试将图形沟通的原则与应用于写作和地形的标准规则逻辑相结合，具有开创性。第二部分则通过对大量地图和图表的研究，让理论变得生动具体。书中展示了如何根据数据的联系和特征来组织图形的视觉元素，为数据可视化提供了理论支撑。

随着信息技术的发展，数据库技术也得到了快速的发展。数据库技术的出现使得大量的数据能够被有效地存储和管理，为信息可视化提供了丰富的数据资源。人们可以从数据库中提取数据，并通过可视化的方式进行分析和展示，从而更好地理解和利用数据。

"可视化"（Visualization）一词是1987年美国国家科学基金会提出的概念，即通过视觉的方式将日益增多的海量计算数据直观地展现出来，以方便人们理解、交流和应用。现代意义上的"信息可视化"一词最早出现在乔治·罗伯逊（George G. Robertson）等1989年发表的文章《用于交互性用户界面的认知协处理器》中。他认为信息可视化是一种计算机支持的、面向数据的、交互式的视觉表现，旨在增强人们对抽象信息的感知。让受众更直观、更方便地阅读信息，发现信息的深层内涵。简单来说，可视化设计就是利用视觉元素和用户体验来传达信息的过程。

4. 现代信息可视化的繁荣

大数据时代数据量大、类型多、价值密度低，传统数据分析方法难以满足需求。信息可视化在这一时代面临挑战和机遇，需处理大规模数据并提升可视化算法与技术。同时，大数据蕴含丰富信息和价值，信息可视化有助于挖掘和利用。交互式可视化技术作为现代信息可视化的重要发展方向，允许用户通过选择、过滤、缩放等操作探索数据，理解数据内涵和规律，如点击柱状图查看具体信息、拖动滑块调整时间范围、旋转三维模型查看不同视图。交互式可视化技术的发展使得用户能够更加主动地参与到数据的分析和探索过程中，提高了信息可视化的效果和效率（图1-22）。

这些早期的信息可视化形式为后来的发展奠定了基础，随着时间的推移和技术的进步，信息可视化逐渐发展成为一个综合性的领域，涵盖了设计、统计学、计算机科学和认知心理学等多个学科。

信息可视化历经从简单到复杂、从静态到动态、从单一到多元的发展过程。其发展得

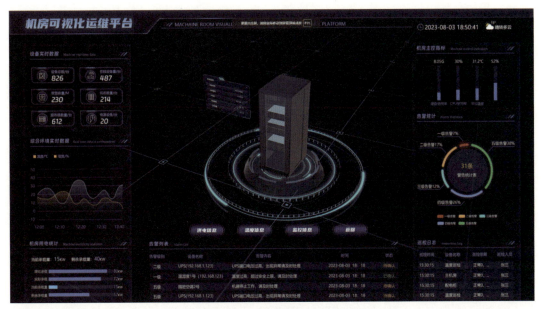

图1-22　交互式可视化界面

益于图形理论、数据图理论等理论基础完善，以及计算机技术和数据库技术等技术手段进步。如今，信息可视化已广泛应用于科学研究、商业分析、教育、文化等领域，成为理解和处理复杂信息的重要工具。早期可视化形式为后来发展奠定基础，信息可视化逐渐发展为涵盖设计、统计学、计算机科学和认知心理学等多学科的综合性领域。

（二）信息可视化的定义

信息可视化是融合多学科知识的交叉领域，旨在将数据和信息转化为视觉形式，便于理解、分析和交流。它把不可见或难直接显示的信息转化为可感知的图形、符号等视觉要素，借助图像或动画呈现趋势、观念等。

信息可视化是一种将抽象数据转换为图形或视觉表示的过程，它通过使用图形、图像、动画和其他视觉元素来增强人们对信息的理解和分析能力（图1-23）。这种转换不仅使得复杂的数据模式、趋势和关系变得直观易懂，而且促进了信息的快速识别和记忆。

信息可视化的核心原则是：清晰性、准确性、效率和美观性。清晰性要求可视化的结果不应包含混淆或误导性的信息；准确性强调数据的真实性和正确表达；效率则关注信息传递的速度和效果；美观性则涉及视觉元素的吸引力和审美价值。

信息可视化的应用范围非常广泛，从简单的条形图和饼图到复杂的交互式仪表板和动

商品类别	销售额（万元）
食品	50
日用品	30
服装	20
电器	40
化妆品	15

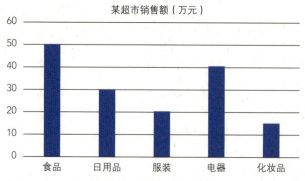

图1-23　数据向图表的转换

态模拟。在设计领域，信息可视化通过排版、插图、美化数据的方式，使得把繁杂的事物清晰的展现在一张图表上（图1-24）。在科学研究中，它用于分析和展示实验数据，揭示模式和关联，推动新知识的发现。

　　信息可视化作为一种有效的信息呈现和分析手段，在当今数字化时代具有重要的价值和意义。随着技术的不断进步和创新，信息可视化将不断发展和完善，为人们提供更加高效、准确、全面的信息服务。

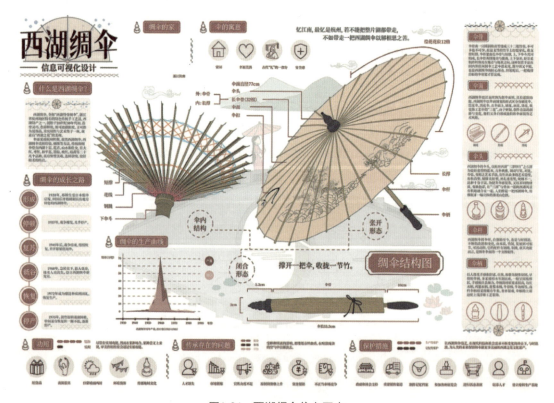

图1-24　西湖绸伞信息图表

第三节　读图时代呼唤信息可视化

（一）读图时代的特征与需求

在当今信息爆炸时代，迅速抓住注意力是信息传播首要任务。文字主导时，人们需花时间阅读品味，与自身心境环境相连激发想象思考。然而当下，人们常被丰富色彩、跳动画面吸引，在视觉轰炸下快速满足感官刺激完成信息解读，导致难以沉静思考，理解审美意境，逐渐习惯图像信息直观形象，形成"图像霸权"现象。

1. 读图时代的特征

读图时代是信息传播领域的深刻变革，其核心是信息的视觉化转型。图像、图形、视频等视觉元素成为信息传递主角，以直观、生动方式满足高效获取知识需求。数字技术助力视觉内容创作与传播，图像成为连接不同文化和地域人群的桥梁。在快节奏生活中，图像易理解和接受，更能触动情感，成为信息传播主要载体，其在新闻、社交媒体、广告等媒介中的价值大幅提升。例如图1-25是德国麦当劳发布宣传Signature优质汉堡的系列创意海报，整体视觉采用暗色调后台场景勾勒主视觉汉堡外轮廓，每一份汉堡都是一个剧场，使人直接将汉堡的品质和剧场的高端联系起来，达到了传递信息的目的。

2. 读图时代的需求

在信息爆炸的时代，人们对信息的获取与处理需求变得更加迫切和多样化。海量数据面前，人们亟须快速筛选出有价值的信息以适应快节奏的生活与工作，而图像作为直观且信息量大的载体，通过图片、短视频等视觉形式，能让人们在短时间内把握核心内容，显著提升信息处理效率。

随着移动互联网普及和智能终端广泛应用，碎片化阅读成为主流。等车、午休等短暂空闲场景中，视觉内容因其便捷性、易读性和娱乐性，成为人们利用碎片化时间进行学习、娱乐和社交的首选，人们只需通过手机等设备，即可轻松浏览各类视觉信息，满足多元需求。信息过载进一步催生了个性化、定制化需求。平台借助智能推荐算法和个性化设置，根据用户兴趣偏好精准推送定制化视觉内容，不仅增强了信息的针对性和吸引力，提升用户满意度与忠诚度，更推动了信息产业的创新发展，让读图时代的信息传播更贴合个体需求。

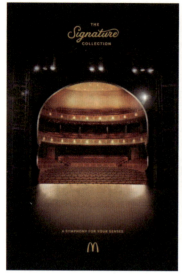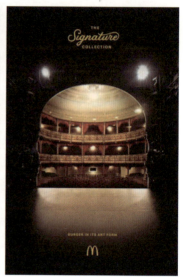

图1-25　麦当劳舞台

（二）图像在信息传播中的优势

1. 直观性与易理解性

图形的直观性源自其直接诉诸视觉的特性。通过线条、形状、色彩以及它们的组合，图形能够迅速而准确地传达复杂的信息。这种视觉呈现方式无须复杂的解码过程，使得信息接收者能够迅速捕捉到关键信息点，降低了认知负担。同时，图形往往能够跨越语言和

图1-26　emoji表情笑脸代表开心

文化障碍，例如，一个笑脸图形（图1-26）几乎在全球各地都能被识别为表示快乐的符号。图形不仅展示了信息的"是什么"，还能通过布局、对比和层次等手法，揭示信息的"如何"和"为何"。

图像在信息传播中展现出的直观性和易理解性是其核心优势，这两点特性使得图像成为当代信息传播中不可或缺的元素。图像增强视觉冲击力，以其生动的视觉元素直接作用于人的视觉感官，产生强烈的视觉冲击力。图像能够以一种直观的方式呈现信息，无须复杂的解释或说明。

图像具有跨语言的特点，能够跨越不同文化和语言背景，实现信息的有效传递。能够简化复杂信息，对于某些复杂或抽象的信息，图像能够通过直观的方式将其简化，使人们更容易理解和接受。

2. 增强记忆效果

心理学研究表明，情感化的图形易被记住，能与情感共鸣，在大脑留下深刻印记，利于信息长期保存和快速唤醒。因能触发多个记忆系统，特别是视觉记忆系统。神经科学显示，视觉信息处理快于文字，图像激活视觉皮层，促进编码存储。依艾宾浩斯遗忘曲线，图像初次记忆印象深，能减缓遗忘速度。

图形信息相比文字在大脑中存储更丰富，涵盖颜色、形状、纹理等维度，利于激活提取，能激发联想，巩固记忆。其直观性和易理解性提升信息吸引力，增强视觉冲击，吸引注意力，促进对关联信息的兴趣，提高记忆效果。图形的直观性简化复杂信息，降低认知负荷，加快理解速度，增强记忆效率。

图像能触发情感反应，增强信息传递效果与情感联系。图像联结和图像记忆法可牢固记忆，是有效的记忆策略。图像通过提高信息吸引力、促进理解、增强情感联系和辅助记忆，在信息传播中显著增强记忆效果，充分利用其优势对提高信息传达有效性和受众记忆效果意义重大。

3. 促进创新思维

图形记录是思维工具，能突破思维框架，提供新视角。图形化思考将抽象概念具象化，复杂问题简单化，有利于发现解决方案、促进直觉和创造力。图形记录中的试错和调整培养创新思维能帮助观者发现规律。富有创意的图像或感染力的照片能触发情感反应，推动创新思维。

在文艺复兴时期，达·芬奇等艺术家和科学家经常使用图形来记录他们的观察和思考。他们的笔记中充满了各种草图、示意图和解剖图，这些图形不仅帮助他们更好地理解和描述世界，还激发了他们在艺术和科学领域的创新思维。例如，达·芬奇的飞行器设计草图就是图形记录促进创新思维的典型例子（图1-27）。达·芬奇把自己的观察体会、想法及发明都用墨水绘在纸上，通过图形创意表现的方式将自己的想法和相关的科学原理进一步绘制出来。

4. 促进沟通效率

图形化信息在沟通中的优势在于其简洁明了和直观易懂的特点，与长篇大论的文字描述相比，图形能够更快地抓住听众的注意力并传达关键信息。图形化沟通不仅仅是信息的传递过程，更是一种共同创造和理解的过程。例如，在项目管理中，流程图、甘特图等图形工具被广泛使用来协调团队工作、分配资源和监控进度。

图像的直观性提高信息理解速度，人类大脑对图像信息的处理速度远快于文字信息。一张图片往往能够迅速传达出复杂的信息，使人们在短时间内就能理解其含义。这有助于减少受众的认知负荷，使他们能够更快地把握信息要点，从而提高沟通效率。

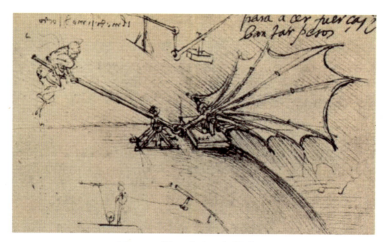

图1-27　达·芬奇飞行器草图

设计师应该怎么"看信息"

设计师在处理信息时，应当采取一种全面而深入的"观看"方式，这不仅仅是对信息的简单浏览或接收，而是一种主动的、批判性的以及富有创造力的信息解读与整合过程。

（一）培养敏锐的信息感知能力

1. 培养敏锐信息感知能力的方法

设计师应具备敏锐洞察力，快速捕捉信息核心要素与潜在价值，关注表面内容并深入挖掘背后含义、目的和关联。通过细致观察发现内在联系和逻辑关系，为设计工作提供支持。基础知识储备是培养敏锐信息感知能力的基础。数据敏感度指对数据变化的敏感程度，设计师应接触分析不同类型数据，提高敏感度和理解力。关注用户体验反馈，通过调研、问卷等方式了解用户需求，提升信息感知能力。敏锐观察力体现在迅速把握信息整体、精准捕捉细节和具备"透视"能力，穿透表面看到本质规律。这些能力需要专业知识经验积累和深刻理解洞察设计领域。

2. 应用敏锐信息感知能力

在信息可视化设计中，敏锐的信息感知能力有助于设计师更好地捕捉、理解和表达信息。设计师要能够从大量的数据中捕捉到关键信息，包括数据的趋势、关联和异常等。这些信息对于设计师来说至关重要，因为它们将直接影响到设计作品的质量和效果。

　　不同的数据和信息需要选择不同的可视化方式。设计师需要根据数据的特性和传达信息的目标，选择合适的可视化方式，如图表类型、颜色搭配、布局设计等。例如，在设计一个关于气温变化的可视化作品时，设计师可以选择使用折线图来呈现气温的变化趋势；同时，也可以使用不同的颜色来表示不同的气温范围，以便更好地传达信息（图1-28）。

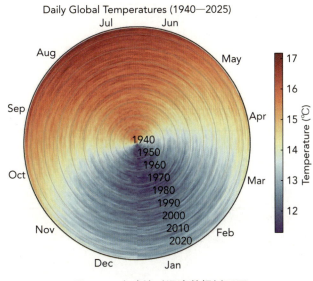

图1-28　全球绝对温度数据树环图

　　敏锐的信息感知能力是信息可视化设计师不可或缺的重要素质。通过提升基础知识储备、锻炼数据敏感度、培养跨学科思维、学习先进技术和工具以及关注用户体验和反馈等方法，设计师可以不断提升自己的信息感知能力。在信息可视化设计中，敏锐的信息感知能力有助于设计师更好地捕捉、理解和表达信息，从而创造出更具创新性和实用性的设计作品。

（二）从不同视角深入解读信息

1. 用户视角

　　在当今数字化时代，信息可视化设计扮演着至关重要的角色。它将复杂的数据和信息转化为直观、易懂的图形和图像，帮助人们更高效地理解和处理信息。而设计师作为信息可视化的创造者，需要从不同的视角解读信息，以确保设计的有效性和吸引力。设计师首先要站在用户的角度去解读信息，了解目标用户的需求、背景、知识水平和使用场景。

不同的用户群体对信息的需求各不相同。用户的知识水平也会影响他们对信息的理解。对于专业领域的用户，设计师可以使用更复杂的图表和术语；而对于普通大众，设计则需要更加简洁明了，避免使用过于专业的词汇和复杂的图形。信息可视化的使用场景也多种多样，如手机屏幕、电脑显示器、展板等，不同的使用场景可能会有不同的展示比例（图1-29）。设计师需要考虑不同场景下的显示效果和用户体验，确保设计在各种环境下都能清晰地传达信息。

图1-29　不同的展示比例

2. 数据视角

信息可视化的核心是数据，设计师需要深入理解数据的特点和规律，才能将其有效地转化为可视化形式。数据之间往往存在着各种关系，如因果关系、对比关系、层次关系等。设计师需要通过可视化的方式清晰地呈现这些关系，帮助用户更好地理解数据的内在逻辑。在进行信息可视化设计时，设计师必须确保数据的准确性。

3. 全局视角

设计师要学会深入看信息，这是一个既细致又全面的过程，它要求设计师不仅仅停留在信息的表面，而是要深入挖掘其背后的意义、关联与潜在价值。在深入解读信息内容时，要求设计师先理解其字面的直接含义，但这仅仅是个开始。挖掘信息背后的深层含义，探索信息所蕴含的动机、目的以及反映的社会、文化、技术背景才是解读信息的最终目的。这种挖掘不仅需要敏锐的洞察力，还需要丰富的知识储备以及跨学科理解问题的能力。

在解读信息时，采用不同视角是一种深度挖掘和全面理解信息内涵的重要方法。这一过程不仅仅是简单地浏览或接收信息，而是一种积极主动、多维度的探索和剖析。

（三）运用设计思维整合信息

在当今信息爆炸的时代，信息可视化设计成为了一种重要的传达手段，它能够将复杂的信息以直观、易懂的形式呈现给受众。而设计师作为信息可视化的创造者，需要运用设计思维来整合信息，以实现有效的传达。

在信息可视化设计中，运用设计思维整合信息是一个核心且复杂的过程，它要求设计师以一种全局性、创新性和人性化的方式来处理和呈现信息。

设计思维首先强调对信息的深入理解与洞察。在整合信息的过程中，设计思维鼓励设计师采用多元化的视角和创新的方法。设计思维还强调以用户为中心的设计理念。运用设计思维整合信息是信息可视化设计的核心环节之一。它要求设计师以全局性、创新性和人性化的方式去理解和处理信息，通过多元化的视觉元素和跨学科的合作与交流，创造出既美观又实用的信息可视化作品。

跨学科视角下，理解信息可视化的科学逻辑与设计实践可扫描下方二维码学习。

信息可视化中的
多学科理论

第二章
信息图表设计概述

▶ 第二章配套课件 ◀

导读

在信息爆炸的时代，信息图表设计如同一束光，照亮了复杂数据与文字的迷宫，为人们提供了简洁、有趣且直观的可视化展示途径。本章旨在系统阐述信息图表设计的理论基础与实践应用。随着信息时代的迅猛发展，信息图表设计作为一种高效的信息传递工具，其重要性日益凸显。本章将深入剖析信息图表的定义、历史演变、功能作用、设计原则及主要类型，揭示其在多领域中的广泛应用与独特价值。通过本章的学习，读者将能够全面把握信息图表设计的核心要义，为其在后续学习与实践中运用信息图表提供坚实的理论支撑与实践指导。

知识目标

1. 深刻理解信息图表设计的定义与内涵，准确把握其作为信息可视化结果的本质特征。
2. 系统梳理信息图表设计的历史脉络，追溯从古代图形符号到现代大数据可视化的演变历程。
3. 全面掌握信息图表设计的功能体系，深入理解其在信息传递、记忆强化、理解促进、情感激发、决策辅助及信息存档等方面的作用机制。
4. 清晰认知信息图表设计的原则框架，包括准确传达、视觉吸引力、简洁性、时空构建以及图形主导等原则，精准把握其设计精髓。
5. 熟悉信息图表设计的主要分类，深入研究统计类、流程类、分解类和故事类信息图表的特征、构成要素与适用场景。

能力目标

1. 培养解读信息图表的能力，能够深入分析信息图表传达的核心内容与内在逻辑关系，准确把握信息图表的设计意图。
2. 具备根据信息特点和目标受众的需求，选择恰当的图表类型进行信息可视化设计的能力，实现信息的精准、有效表达。
3. 运用所学知识，尝试创新性地整合与表达信息，激发创造力与设计潜能，设计出具有吸引力、说服力和创新性的信息图表作品。
4. 运用多学科理论分析信息问题的能力，并能将其应用于信息图表设计实践，为解决复杂的实际问题提供有效的视觉化解决方案。

第一节　什么是信息图表设计

在信息爆炸的时代，面对大量的数据、文字，人们时常感到头脑发麻，设计师面临一个共同的挑战：如何梳理大量信息，并以简洁、有趣、直观的可视化方式展示给受众。在这样的情况下，信息图表设计应运而生，信息图表的广泛运用，优化了信息的传递方式，提高了信息的传递效率。

（一）信息图表的概念解析

信息图表，是信息可视化的结果。加拿大研究者马克·斯米契克拉斯指出，信息图表是一种将数据与设计结合起来的图片，它有利于简短有效地把复杂的信息传递给受众，使其快速消化和理解这些信息。信息图表包括图表（chart）、图解（diagram）、表格（table）、地图（map）和列表（list）等。简单来说，信息图表就是一种将信息、数据或知识以视觉化方式呈现的设计作品，它通过图形、图表、图像和文字等元素的组合，将复杂的信息简化并直观地传达给观众。信息图表最早出现在报刊中，但随着时代的发展信息图表的应用领域变得更加广泛。

在面对数页的文章、庞大的数据时，机械地阅读不仅耗费浏览者的时间，有时还无法体现出信息所蕴涵的价值。而设计师可以使用图形的力量将一眼看去毫无章法的数据重新整合，使它们变得一目了然，从而带给观者新的发现，这也可以说是制作信息图表的乐趣之一。

信息图表的历史可以追溯到古代文明时期。古埃及人在记录尼罗河水位变化时，就使用了简单的图形符号来表示数据，这可以看作是信息图表的雏形（图2-1）。古希腊学者也通过绘制几何图形来阐述数学和哲学思想，这些图形在一定程度上具有信息传达的功能。在中世纪，地图的绘制是信息图表发展的一个重要方面，当时的地图不仅描绘了地理信息，还包含了宗教、政治等相关信息，是一种综合的信息可视化表现。随着科学技术的发展，统计学的兴起为信息图表带来了新的发展机遇。威廉·配第等统计学家开始使用图表来展示经济和社会数据，如人口统计、贸易数据等。19世纪，工业革命的推进使得大量的数据需要被处理和呈现，信息图表在工程、医学、社会学等领域得到了更广泛的应用。例如，在医学领域，解剖图和疾病传播路径图等信息图表帮助医生和研究人员更好地理解人体结构和疾病情况（图2-2）。进入20世纪，计算机技术和互联网的出现使信息图表迎来了高速发展的时期。计算机软件使得信息图表的制作更加便捷和高效，设计师可以使用专业软件如Adobe Illustrator、Adobe Photoshop等创建复杂而精美的信息图表（图2-3）。同时，互联网为信息图表的传播提供了广阔的平台，各种类型的信息图表在网站、社交媒体、移动应用等环境中大量涌现。在大数据时代，海量的数据需要更有效的可视化方式，信息图表在数据挖掘、数据分析等领域发挥着越来越重要的作用，从简单的静态图表发展

图2-1　埃及象岛尼罗尺

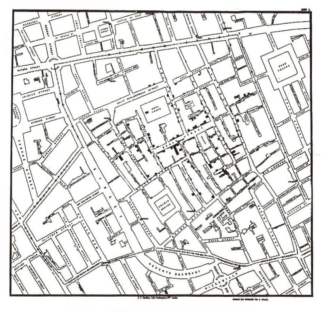

图2-2　伦敦霍乱分布图/约翰·斯诺

　　1854年伦敦爆发严重霍乱，当时的普遍观点是霍乱是通过空气传播的，而John Snow医生通过研究发现，霍乱是通过饮用水传播的，因此，他绘制了这幅著名的伦敦霍乱地图，通过地图来统计每户病亡人数，每死亡一人就在地图上标注一条黑色横线。最后经过分析发现，大多数病例的住所都围绕在公共水泵附近，公共水泵就是这次霍乱传播的源头，于是拆除了大街水泵的把手，使得疫情最终得到控制。

到了动态的、交互性的信息图表。未来，信息图表将朝着更加智能化、个性化和沉浸式的方向发展，随着人工智能技术的应用，信息图表可能会根据用户的需求和数据特点自动生成最佳的可视化方案。信息图表将根据不同用户群体的特点和偏好进行个性化定制，如针对儿童的信息图表会采用氛围更可爱、色彩更鲜艳的设计。沉浸式体验则会通过虚拟现实（VR）、增强现实（AR）等技术，让用户身临其境地感受信息图表所传达的内容，例如通过VR技术让用户在虚拟环境中探索复杂的科学数据模型。

图2-3　中国航天事业发展历程信息可视化设计

　　如今，信息图表已经在现代生活中起着至关重要的作用。在当今信息爆炸的时代，人们每天都要面对海量的信息。信息图表作为一种高效的信息处理和传达方式，能够帮助人们从复杂的信息中筛选出有用的内容，并快速理解其含义。它就像信息海洋中的灯塔，指引人们找到关键信息，避免被信息洪流淹没。例如，在搜索旅游攻略时，一个整合了景点、交通、住宿、美食等信息的信息图表（图2-4），比大量的文字攻略更受欢迎，因为它能让旅行者迅速获取自己需要的信息。在很多领域，如科学研究、金融分析、政府决策等，存在着大量复杂的信息。这些信息如果仅以文字形式呈现，很难被大众理解，而信息图表通过将复杂信息可视化，打破了专业知识的壁垒，使非专业人士也能够对这些复杂内容有一定的了解。例如，在解释基因测序技术的原理时，一个生动的信息图表可以将复杂的基因结构和测序过程展示给普通大众，促进科学知识的普及。随着全球化的发展，跨文化交流日益频繁。信息图表的通用性特点使其在跨文化交流中具有重要价值。不同文化背景的人可以通过信息图表中的视觉元素进行一定程度的沟通。在国际合作项目、文化交流活动等场景中，信息图表可以作为一种通用的交流工具，可以促进不同国家和地区之间的信息共享和合作。例如，在国际环保项目中，用信息图表展示全球环境问题和解决方案，可以让各国参与者更好地协调行动。

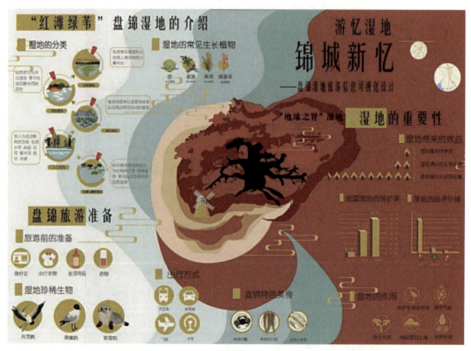

图2-4　锦城新忆——盘锦湿地旅游信息可视化设计

（二）信息图表的应用范围

信息图表作为一种强大的数据展示和沟通工具，其应用领域非常广泛，涵盖了从商业、科学、艺术和医疗的各个方面，其最主要的应用范围是说明解释以及传播宣传。

1. 说明解释

信息图表在说明解释上的运用极为普遍，它们通过将复杂的信息以图形化的方式呈现，使得抽象的概念、复杂的数据和难以理解的逻辑变得直观易懂。在解释科学原理、技术流程、历史事件、经济数据等众多领域，信息图表都能够发挥其独特的优势，帮助受众快速把握核心要点，深入理解内在联系。这张信息图表的主题是"一个健康的嘴巴"，设计师通过放大以及扁平化的图形处理方式，把关键性的信息进行整合设计，起到了科普说明的效果（图2-5）。

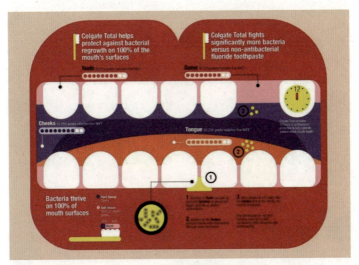

图2-5　"一个健康的嘴巴"

　　Eleanor Lutz设计的发光生物信息图表是一个视觉化的科学展示，它详细描绘了在黑暗中发光的生物及其发光机制。这些生物通过将化学能转化为特定波长的光能，从而在黑暗中发出荧光。这种发光机制在生物演化中已经独立出现过30次以上，显示了生物多样性和适应环境的多样性。Eleanor Lutz的设计以艺术性和科学性相结合的方式，通过信息图表的形式，不仅展示了这些生物的发光特性，还可能包括它们的生态环境、生活方式和发光在生物体中的作用。这样的设计有助于公众更好地理解自然界的奇妙现象，激发人们对生物多样性和自然环境的兴趣和保护意识（图2-6）。

　　无论是通过流程图展示一系列步骤的顺序和关联，还是利用柱状图、折线图来揭示数据的变化趋势，信息图表都能够将信息以更加结构化和逻辑化的形式展现出来。这种视觉化的解释方式不仅减少了文字描述的冗长和复杂性，还能够跨越语言和文化的障碍，使得信息的传递更加高效和普遍。下图是关于巨石人像的信息图表设计，复活节岛上的巨石人像搬移之谜一直是考古学界的焦点，信息图表设计以其直观和系统的特点，为我们揭示了可能的搬移方法和相关证据。图表以复活节岛的位置和巨石人像的分布为起点，接着展示了巨石人的大小、重量和雕刻特征，随后详细介绍了滚动法、倾斜法和浮力法等几种主要的搬移理论。图表中包含了考古发现的工具、遗迹和木筏残骸，以及科学家尝试复现这些搬移方法的实验过程和结果，这些内容以图形、颜色、图标和符号的形式清晰呈现，使得复杂的理论变得易于理解，为观众提供了一场全面而深入的讲解。整个设计通过精心的布局和视觉元素的使用，使得信息的传递既高效又具有吸引力（图2-7）。

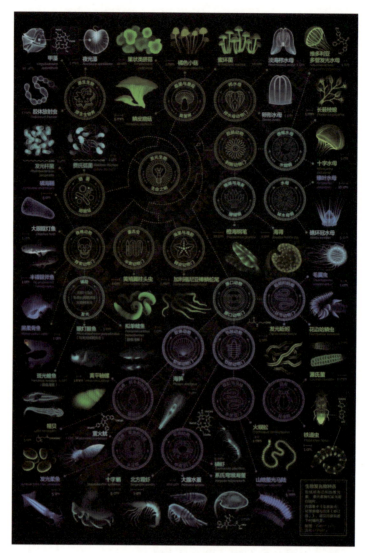

图2-6　发光生物信息图表

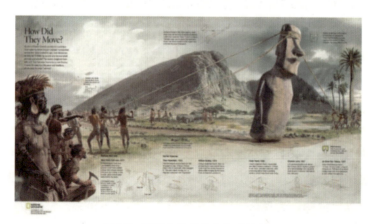

图2-7　巨石人像的信息图表设计

在教育和培训领域，信息图表作为一种教学工具，能够有效辅助教师解释复杂的概念，帮助学生构建知识框架。在历史教学中，时间轴信息图表是必不可少的教学工具。教师可以用时间轴展示历史事件的先后顺序，如世界历史上古代文明的兴衰、近代国家的形成和战争的爆发等。在经济学教学中，教师可以用供需曲线图表来讲解市场的供需平衡原理，用经济增长图表来展示国家或地区经济的发展趋势，帮助学生理解宏观和微观经济现象。教材编写者可以在教材中融入更多信息图表，使教材内容更加生动形象。例如，在语文教材中，用思维导图梳理文章的结构和脉络，帮助学生理解文章的逻辑。在数学教材中，用几何图形和图表来辅助定理的讲解。在教辅材料制作方面，制作知识总结图表，可以将每章的重点知识以可视化的方式呈现，方便学生复习和记忆。

在商业沟通中，信息图表能够将市场分析、财务报告等商业信息以更加简洁明了的方式呈现给管理层和投资者，提高决策的效率。对于整个市场的动态变化，信息图表是绝佳的呈现工具。折线图可以用来描绘市场规模随时间的增长或萎缩趋势，例如，展示某一新兴行业在过去几年中的市场规模变化，帮助企业判断行业是处于上升期还是饱和期。用桑基图展示市场份额在不同竞争对手之间的流动情况，各品牌市场份额的增减变化，以及从一个品牌转移到另一个品牌的用户比例，使企业能及时调整竞争策略。产品规划与开发在产品规划阶段，信息图表可以用于梳理产品的功能架构。例如，用思维导图展示一款软件产品的各个功能模块及其相互关系，包括核心功能、辅助功能、扩展功能等，帮助产品团队明确产品的边界和重点。在产品介绍与推广时，信息图表能够以简洁明了的方式展示产品的特点和优势。比如，采用信息图表形式的产品手册，可以通过图文并茂的方式展示产品的外观设计、内部构造、性能参数等关键信息。例如图2-8所示switchpro手柄操作说明书，就使用信息图表的方式清楚地展示了手柄的各个按键以及按键的功能和使用方法。

在公共传播中，信息图表能够将政策、法规等抽象内容以更加贴近民众生活的方式呈现，增强公众的理解和参与度。

在医疗与健康领域，信息图表可以展示医学研究中的实验数据。例如，用柱状图对比不同药物治疗方案下患者的康复率，用折线图展示疾病的发展趋势与治疗效果之间的关系。在基因研究方面，用基因图谱信息图表展示基因的结构和突变情况，帮助研究人员分析基因与疾病的关联。对于临床试验数据，用流程图展示临床试验的流程和分组情况，用统计图表展示试验组和对照组在各项指标上的差异，如不良反应发生率、治疗有效率等，以便科学地评估药物或治疗方法的安全性和有效性。学术交流与成果分享在医学学术会议上，研究人员可以用信息图表来展示自己的研究成果。例如，用信息图形式的海报展示研究的背景、目的、方法、结果和结论，使其他参会者能够快速了解研究的重点。医院管理与服务流程展示医院也可以用信息图表来展示内部的服务流程，如患者就诊流程。用流程

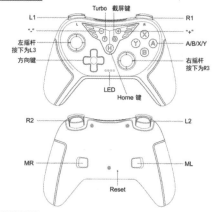

▶ 产品简介
本产品是一款无线游戏手柄，适配N-S/N-S Oled/N-S Lite主机和PC。
内置六轴陀螺仪，适配体感游戏，可远距离遥控，操作便捷。配置分体式高精度线性Hall传感器和双振动马达，5.0蓝牙；带可编辑宏功能，产品采用符合人体工程学的极简设计，配置唤醒主机功能，帮助您更好地享受游戏。

▶ 按键图示

Turbo 截屏键
L1   R1
"-"   "+"
左摇杆
按下为L3   A/B/X/Y
方向键   右摇杆
                           按下为R3
            LED
            Home 键
R2   L2

MR   ML

            Reset

▶ 产品参数

输入电压：DC 5.0V	充电时间：2-3 小时
工作电流：20 mA	振动电流：< 100 mA
休眠电流：< 10 uA	充电电流：约320 mA
电池容量：550 mAh	数据线：Type-C
使用时间：≥ 10 小时	无线连接距离：< 10 米
重量：210 ±2 g	尺寸：155 x 104 x 62 毫米

图2-8　switchpro手柄操作说明书

图展示患者从挂号、就诊、检查、缴费到取药等各个环节的流程和指引，减少患者在医院的迷茫感。在科室分布方面，用平面图展示医院各科室的位置，方便患者寻找。对于医疗资源的管理，用图表展示医院的床位使用率、医疗器械的配备情况等，帮助医院管理者优化资源配置。医护人员还可以用信息图表向患者进行健康教育和健康科普，例如用图文并茂的方式展示某种疾病的症状、病因、治疗方法和预防措施，让患者能够更好地理解自己的病情。

在娱乐和体育领域，信息可视化同样扮演着重要的角色。电影、游戏等娱乐产业通过可视化技术将复杂的故事情节、角色关系、游戏机制等信息以图形化的方式展现给观众和玩家，使他们能够更好地理解和体验作品。而在体育比赛中，信息可视化技术可以将比赛数据、球员表现、战术分析等信息以图表、动画等形式实时呈现给观众和教练团队，帮助他们更好地了解比赛动态，制定战术策略。

在科技领域，信息可视化更是无处不在。从数据挖掘、机器学习到人工智能等领域，信息可视化都是不可或缺的工具。科研人员通过可视化技术将实验数据、算法模型、仿真结果等信息以直观的方式展现出来，挖掘数据的规律和模式，推动科技进步和创新。同时，信息可视化还可以用于科技产品的设计和开发，提高产品的用户体验和交互效果。

信息图表在说明解释上的运用，极大地提升了信息传递的清晰度和效率，使得复杂的信息能够被更广泛的受众轻松理解和接受。信息图表可将抽象数据转化为可视化图形，增强其直观性，让数据一目了然，也能把复杂概念形象化，像用流程图阐释工艺流程、电场线图解释电场概念，使读者轻松理解。它还能突出关键信息，提高理解效率，简化复杂信息关系，让读者迅速把握要点。信息图表更能促进信息比较和关联，方便进行数据比较。通过色彩、图形等视觉刺激巩固记忆，达到增强记忆的效果，像历史时间轴、医学解剖图等，且其逻辑结构更加有助于记忆。

2. 传播宣传

信息图表在传播宣传上的运用，极大地增强了信息的吸引力和说服力。它们通过视觉元素的有效组合，将数据、事实和观点转化为易于消化和理解的形式，从而提高了信息传播的效率。在宣传活动中，信息图表能够迅速抓住目标受众的注意力，传递关键信息，强化记忆点，使宣传内容更加深入人心。并且信息图表在数字平台上非常易于分享，其格式通常是图片或者交互式的网页格式，无论是在电脑、平板还是手机等设备上，都能够很好地展示，进一步方便了信息的传播，用户可以很方便地通过社交媒体平台、电子邮件等渠道进行分享。

在广告和市场营销中，信息图表被用来展示产品特点、比较竞争优势、传达品牌价值，它们能够直观地展示产品的使用效果或服务的价值，使消费者在短时间内形成深刻印象。企业可以通过信息图表展示产品的功能、特点、使用方法、技术参数，制作品牌故事的信息图表，展示品牌的发展历程、价值观、社会责任等内容，增强品牌的形象和认同感。在公共关系中，信息图表有助于清晰地传达组织的立场和成就，通过图表的直观展示，能够有效提升公众对组织信息的接受度和信任度（图2-9）。在推广方面，制作吸引人的产品宣传海报，利用图形、色彩和简短的文字突出产品的卖点，以信息图表的形式制作促销活动的宣传海报，可以用吸引人的图形和简洁的文字告知消费者促销的时间、优惠内容等信息。如在海报上用图表对比本产品与竞争对手产品在性能指标上的优势，以吸引潜在客户。信息图表还可以直观地展示消费者的行为数据，如购买频率、购买渠道、品牌偏好等。例如，通过柱状图对比不同年龄段消费者对某品牌产品的购买频率，企业可以快速了解到哪个年龄段是主要消费群体。同时，用饼图呈现消费者购买产品的渠道分布，是线上平台居多还是线下门店居多，为企业优化销售渠道提供依据。

在社交媒体和网络传播中，信息图表因其易于分享和传播的特性，成了吸引关注和扩大影响力的重要工具。它们能够将复杂的数据简化，将抽象的概念具体化，使得信息在快速流动的网络环境中脱颖而出，激发用户的互动和分享。网络用户在浏览信息时通常希望能够快速获取重点，信息图表能够在有限的屏幕空间内高效地呈现信息。用户可以将信息图表保存并分享到微信、QQ、抖音等各种平台，从而扩大信息的传播范围。而且，由于信息图表通常具有相对独立的信息完整性，即使在不同的传播渠道中，也能有效地传达信息。此外，搜索引擎通常会对包含高质量信息图表的网页给予更高的权重。这是因为信息图表被认为是有价值的内容，可以为用户提供更好的服务。例如，在搜索旅游攻略时，包含详细的景点地图信息图表的网页可能会在搜索结果中排名更靠前。

信息图表在教育和非营利组织的宣传中也扮演着重要角色，它们能够将教育内容、公益活动、环境保护等主题以更加生动和直观的方式呈现，从而提高公众的参与度和意识（图2-10）。在教学过程中，信息图表可以作为辅助教学工具，教师可以用信息图表讲解课程的重点知识。学生也可以通过制作信息图表来完成作业或项目，这有助于培养他们的

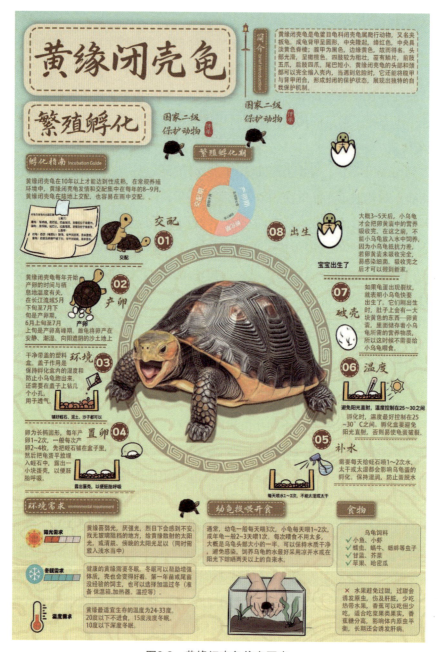

图2-9　黄缘闭壳龟信息图表

信息整合和可视化表达能力。

　　信息图表在传播宣传上的运用，不仅提升了信息的传播速度和广度，还增强了信息的吸引力和影响力，使得宣传内容更加生动、有力和有效。同时，研究表明，人们对图像的记忆能力往往优于文字。信息图表结合了图像和文字，这种多模态的信息呈现方式能够增强记忆效果，当信息以图表的形式展示时，大脑能够更好地对其进行编码和存储。

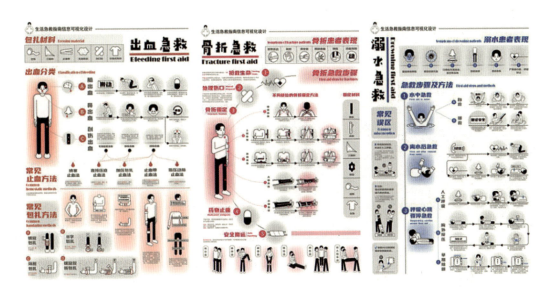

图2-10　公众科普信息可视化设计《生活急救指南》

（三）信息图表设计的功能

1. 传递信息

在信息图表设计中，传递信息的功能处于核心地位且具有极其重要的意义。信息图表作为一种强大的视觉传达工具，能够以高效且精准的方式传递大量复杂的信息。它将原本可能枯燥、抽象且难以理解的数据、文字和概念，转化为生动、直观且易于吸收的视觉形式。这种转化并非简单的图像呈现，而是通过精心的设计和布局，对信息进行筛选、组织和优化，从而突出重点，清晰地展示信息之间的关系和层次结构。

信息图表设计注重信息的筛选与提炼，设计师需要将海量数据中有价值、有针对性的部分挖掘出来，通过图形、图表等形式展现给观者。在这个过程中，设计师需要充分了解目标受众的需求，以便更好地呈现信息，使其更具说服力。同时，通过对信息的梳理，设计师能够发现数据之间的关联性，从而呈现出更加立体、全面的信息视角。经济数据分析图表是把海量数据进行整理提炼的最精简版本，设计师通过柱状图、折线图等图形，提炼出经济数据的关键点，展现经济增长或衰退的趋势，以及不同经济指标之间的关联性。

信息图表设计善于运用视觉元素，如颜色、形状、线条等，来强化信息的传递。颜色可以区分不同类别、突出重点，形状和线条则有助于表达数据的趋势、层次和结构。这些视觉元素相互搭配，使得信息图表更具美观性、易读性，从而提高观者的阅读兴趣，降低信息理解的难度。地理信息热力图使用不同颜色的渐变来表示数据强度，如人

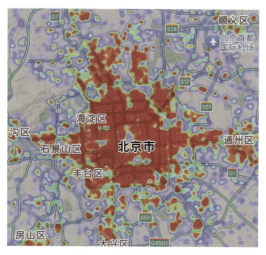

图2-11 地理信息热力图

口密度、温度分布等（图2-11）。热力图是以地图为基础，通过热力分布图的形式展示数据分布特征的一种可视化方法。它将地理信息与数据相结合，通过颜色深浅、明暗变化等视觉手段，将数据的大小、差异等信息以视觉化的方式呈现出来。通过热力图，人们可以直观地看到数据的分布特征和聚集情况，从而更好地理解和把握数据的规律。

信息图表设计注重布局的合理性，将信息按照一定的逻辑顺序和层次进行排列。通过对空间的有效利用，信息图表能够在有限的篇幅内承载更多的内容，使观者能够迅速捕捉到关键信息。例如这张关于运河修治管理名人的信息图表，它通过一条连贯的轴线引导视线流动，表示时间的顺序更迭，用文字及位置来区分不同的人物出现的时期，上面的时间轴与下面的人物名称相对应，不同的色块表示其在运河修治方面的主要成就，非常清晰地呈现了各个先贤人物所在的时期及其在运河修治方面的丰功伟绩（图2-12）。

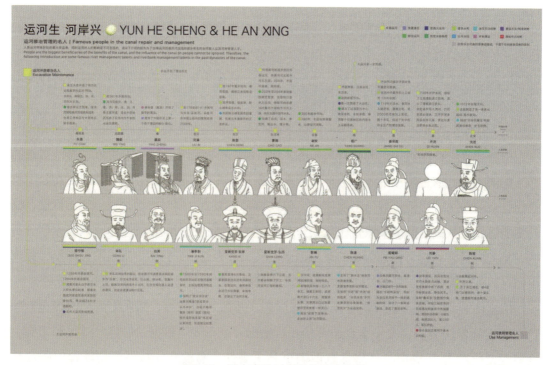

图2-12 历史事件时间轴的信息图表

2. 加强记忆

信息图表的运用是为了更有效地让人们识别和记忆信息。是通过视觉元素的巧妙运用和信息的结构化呈现，使得复杂的数据和抽象的概念在观者的脑海中留下深刻印象。在这一过程中，信息图表不仅仅是信息的传递者，更成了记忆的催化剂，它利用人类对视觉信息的敏感性，将数据转化为易于记忆的视觉符号，从而显著提升了信息的记忆度。

在信息图表设计中，加强记忆的功能得以实现，首先得益于设计师对信息的高度提炼和直观展现。信息图表通过其独特的视觉呈现方式，能够深刻地烙印在人们的脑海中，极大地增强对所传递信息的记忆效果。这张图表所表明的信息是关于各个国家的石油生产量，设计师将抽象的数据转化为不同的图形，以图形的大小对比加强读图人的印象（图2-13）。

信息图表设计中的重复性元素和一致性原则也是加强记忆的关键。在一系列相关的图表中，重复使用相同的颜色、形状和图标，可以帮助观者建立一种视觉上的熟悉

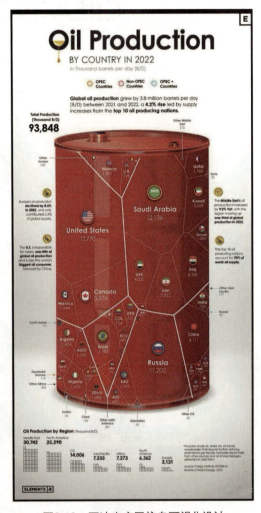

图2-13　石油生产园信息可视化设计

感，这种一致性不仅提高了信息的辨识度，也使得观者能够在不同的图表之间建立起联系，从而加强记忆的连贯性。例如下面这张信息图表《创作者们，即作曲家、画家、作家、科学家和哲学家都是如何找到时间去创作作品的呢？》，在这张图表上每张肖像周围都有一个圆圈，代表一天（24小时的时间周期），"时钟"上以各种彩色类别显示了主要活动，每个色块代表不同的活动项目，例如白色代表的是睡觉的时间，橙色代表的是社交以及吃饭的时间。通过这种对重复色块的记忆和理解，我们可以根据作者的标注轻松地读懂这张图片上的内容（图2-14）。

同时，信息图表设计中对于故事性的强调，也是提升记忆效果的重要手段。一个好的信息图表不仅仅是数据的堆砌，它还讲述了一个清晰、连贯的故事。例如这张描述如何照顾婴儿的信息图表，这张信息图用亲切的手绘图形和幽默的情节对比告诉大家该如何照顾

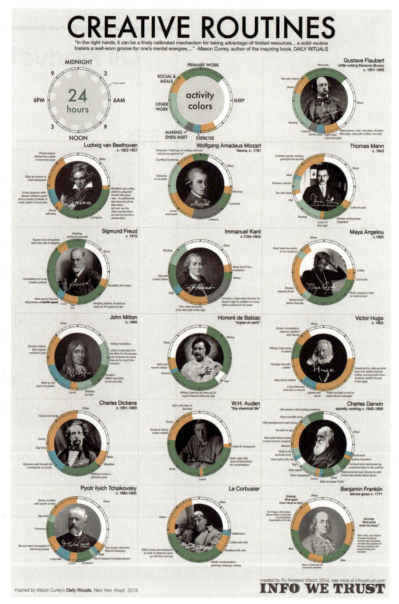

图2-14 《创作者们，即作曲家、画家、作家、科学家和哲学家
都是如何找到时间去创作作品的呢？》

婴儿，浅显易懂且亲和力极强。这种简单的手绘图形以及诙谐的故事情节也会在阅读者的脑海中留下深刻的印象（图2-15）。

3. 更易理解

在信息图表设计的众多功能中，其核心优势之一便是令信息更易理解。信息图表通过将复杂、抽象的数据转化为直观的视觉形式，极大地降低了认知负荷，使观者能够在短时间内把握信息的精髓。

信息图表设计的易理解功能，首先体现在它对信息的精炼和结构化处理上。这一过程不仅去除了冗余的细节，还梳理了信息的内在逻辑，使得即便是非专业人士也能迅速把握信息的核心。

为了增强信息图表的可理解性，设计师还会采用清晰、一致的视觉语言。这包括使用易于区分的颜色编码来区分不同的数据系列，以及设计清晰、易于阅读的标签和图例。图2-16是设计师为拉法基公司设计的可持续项目报告。该设计基于该公司的核心业务和事实分析，创作出了色彩强烈、大胆醒目的图表，意在展示出更具企业文化的面貌和感觉，同时使公司的形象更加简洁、友好。参与该项目的设计师曾表示最大的挑战莫过于如何使不同主题的图表独具特色又具有统一的视觉识别度，同时还要使图表充满趣味性和吸引力，甚至能抓住对这类商业活动不感兴趣的观众的眼球。除了设计多种图标、表格及其他

图2-15　如何照顾婴儿

视觉元素，他们还要创作出独特的配色方案，以彰显每个图表的主题，是一个非常成功的设计。

信息图表设计还能够揭示数据之间的关联性。在复杂的信息网络中，图表能够通过空间布局和连接线等方式，展现出不同数据点之间的相互作用和影响。这种多维度的呈现方式，不仅揭示了数据的表面现象，还深入到了数据的内在联系，使得观者能够从一个更高的视角理解信息。DensityDesign设计实验室受邀针对米兰理工大学设计学院现今的状况开发了一套静态可视化系统（图2-17）。设计团队创作了五幅不同的海报，每幅作品都有自己的主题和构思，描绘了米兰理工大学主修设计课程的学生的流动情况，传达出学生如何调换课程、最终成绩如何公布，以及从本科课程到研究生课程的递进。另外一个可视化系

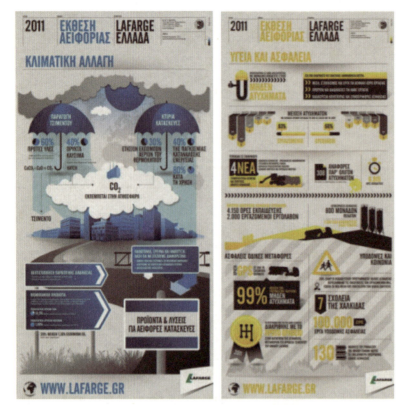

图2-16　拉法基公司的可持续项目报告

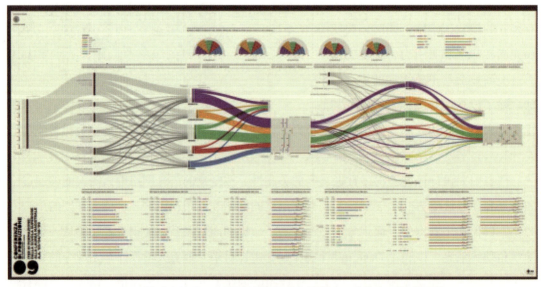

图2-17　针对米兰理工大学设计学院现今的状况开发静态可视化系统

统呈现了他们第一次进入就业市场的情况、实习情况和课程的联系等。

4. 激发情感

色彩是信息图表设计中激发情感的关键要素之一。不同色调在信息图表中传递不同情感。暖色调中红色可传达紧迫感与吸引力，如限时促销图表用红色突出折扣与倒计时激发购买欲橙色黄色适合营造友好活力氛围多用于家庭儿童或娱乐类图表。冷色调中蓝色象征可靠专业常见于科技金融领域如银行理财图表传递安全稳定感。绿色代表生机环保，环保组织图表常用绿色唤起对自然的重视（图2-18）。紫

图2-18　环保类信息图表设计

色带有神秘高贵感适用于艺术文化领域图表营造独特氛围色彩的搭配也至关重要。

对比强烈的色彩组合可以产生强烈的视觉冲击，吸引受众的注意力并激发情感。例如，黑色与红色的搭配常用于表现激情、力量和危险的情感氛围，在一些警示性的信息图表，如火灾逃生指南或危险化学品警示中，可以有效地引起受众的警觉。而柔和、协调的色彩搭配则能营造出温馨、舒适的氛围，如淡粉色与浅蓝色搭配在母婴产品宣传信息图表中，可以传达出温柔、呵护的情感。

图形和图案在信息图表设计引导受众的情感中也扮演着重要角色。具象的图形可以直接引发情感共鸣。在美食信息图表中，展示色香味俱佳的美食图片，如鲜嫩多汁的牛排、色彩斑斓的沙拉等，会引起受众的食欲和对美食的喜爱（图2-19）。抽象的图形同样具有情感影响力。圆形通常被视为和谐、完整的象征，在信息图表中可以用来传达团结、圆满的情感。锐角三角形可以传达出活力和动感，适合在体育赛事信息图表中使用（图2-20），而等腰三角形或等边三角形则更具稳定性，可用于表现可靠、坚固的信息，如建筑结构安全信息图表。

信息图表的整体风格是色彩、图形、图案等元素相互融合所形成的独特气质，它对情感氛围的营造有着重要作用。复古风格的信息图表可以唤起受众的怀旧情感。通过使用复古的色彩搭配，如棕褐色调、暗黄色调，以及复古的字体和图形风格，如老式海报的设计元素，能够让受众回忆起过去的时光。这种风格在文化遗产保护、复古产品推广等信息图表中非常有效（图2-21）。现代简约风格则传达出简洁、高效、时尚的情感。这种风格通常采用简洁的图形、有限的色彩和大量的空白空间（图2-22）。在科技产品信息图表中，

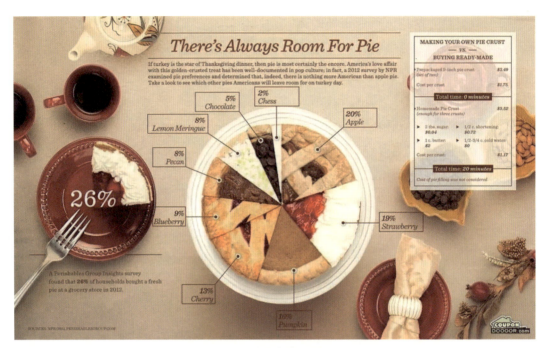

图2-19 总是有馅饼的空间

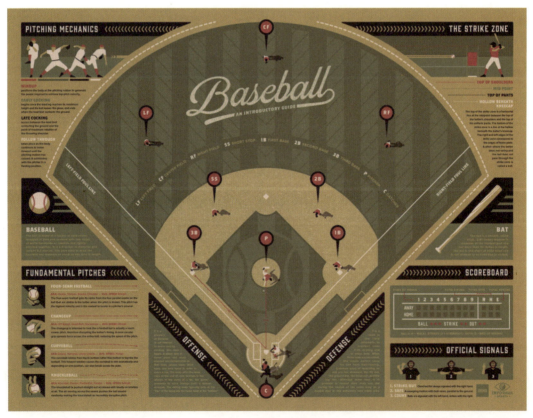

图2-20 棒球比赛规则

现代简约风格能够体现产品的高科技感和先进性。例如，苹果公司的产品介绍信息图表常常采用这种风格，以白色背景、简洁的产品图片和简洁明了的文字说明，展现出产品的精致和易用性，让消费者感受到时尚和科技的魅力。手绘风格的信息图表具有独特的亲和力和温暖感。手绘的线条和图形带有人类创作的痕迹，给人一种亲切、自然的感觉。在儿童教育信息图表、创意手工教程信息图表或一些具有人文关怀主题的信息图表中，手绘风格能够更好地与受众建立情感联系。比如在儿童绘本式的信息图表中，用手绘的可爱动物形象和色彩斑斓的画面来讲述故事或传达知识，能够吸引儿童的注意力，激发他们的好奇心和学习兴趣。

图2-21　南京文学意象信息图表设计

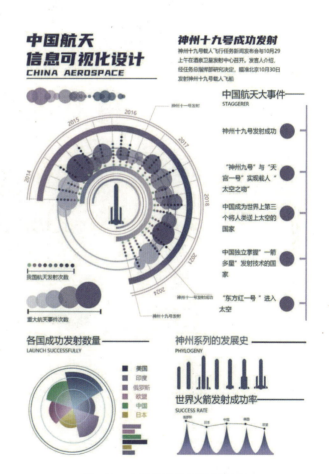

图2-22　中国航天信息图表设计

　　信息图表还可以通过讲述故事的方式来激发受众的情感。故事是人类情感的重要载体，将信息融入一个有情节、有人物的故事中，能够使受众更容易产生情感共鸣。

　　此外，信息图表通过展示与受众生活经历相关的内容，能够引起受众强烈的情感共鸣。对于不同年龄阶段的受众，针对性地呈现相关生活经历内容效果更佳。信息图表中体现的文化元素和价值观与受众的契合也能够引发情感共鸣。在民族文化传承信息图表中，展示本民族的传统习俗、节日庆典、民间艺术等内容。比如在传统节日文化信息图表中，展示吃月饼、赏月、神话故事等传统习俗，使用具有中国传统文化特色的色彩和图形，如红色、金色，以及福字、生肖图案等（图2-23）。这些文化元素能够唤起中国人对传统节日的深厚情感，让他们感受到民族文化的魅力，增强民族自豪感和文化认同感。

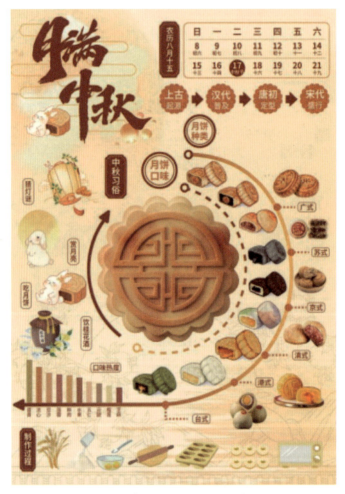

图2-23 中秋节信息图表设计

5. 辅助决策

在现代决策过程中，数据是关键依据，但原始数据往往杂乱无章，难以直接解读。信息图表设计通过将数据可视化，为决策者提供清晰的分析视角。

信息图表不仅能展示过去和现在的数据，还能通过数据趋势的呈现辅助决策者进行预测。在气象领域，长期的气象数据通过信息图表呈现出气候变化的趋势。例如，用温度变化曲线和海平面上升数据图表，科学家和政策制定者可以预测未来气候对生态系统、人类生活的影响，进而制定应对气候变化的策略，如调整能源结构、加强防洪设施建设等。

　　信息图表可以为行动者规划明确的路径，确保行动的有序进行。在项目管理中，甘特图是一种经典的信息图表，它以时间为横轴，以任务为纵轴，通过条状图表示每个任务的开始时间、持续时间和结束时间（图2-24）。

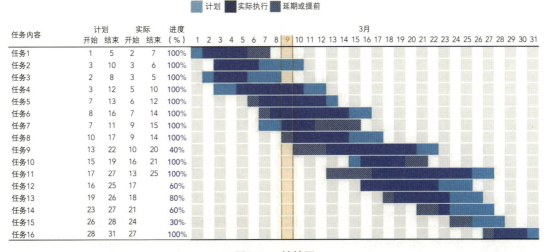

图2-24　甘特图

　　在团队协作过程中，信息的及时共享和有效沟通是关键，信息图表可以作为信息交流的重要载体。在软件开发项目中，系统架构图是一种重要的信息图表，它展示了软件系统的整体架构，包括各个模块之间的接口关系、数据流向、依赖关系等信息。信息图表可以直观地展示团队工作的进度情况，便于团队成员之间的协调和配合。在科研项目中，研究进度信息图表可以展示各个研究阶段的完成情况。科研团队成员可以根据图表了解整个项目的进展，不同研究方向的成员可以根据进度协调实验时间和数据共享等工作，确保科研项目的各个环节紧密配合，按时完成研究任务。

6. 信息存档

　　信息图表以可视化的方式呈现信息，这种呈现方式具有相对的稳定性，是长期保存信息的理想载体。在建筑领域，建筑设计图作为一种信息图表，记录了建筑的整体布局、结构细节、材料规格等关键信息。这些设计图可以长期保存，为建筑的维护、改造以及历史建筑研究提供可靠的依据。即使经过几十年甚至上百年，只要设计图保存完好，后人依然可以从中获取建筑的详细信息，了解当时的建筑风格、技术水平等。

　　随着信息技术的发展，信息图表可以很方便地进行数字化存储，这极大地增强了其信息保存能力。在图书馆和学术研究机构中，大量的学术资料、历史文献等通过数字化信息

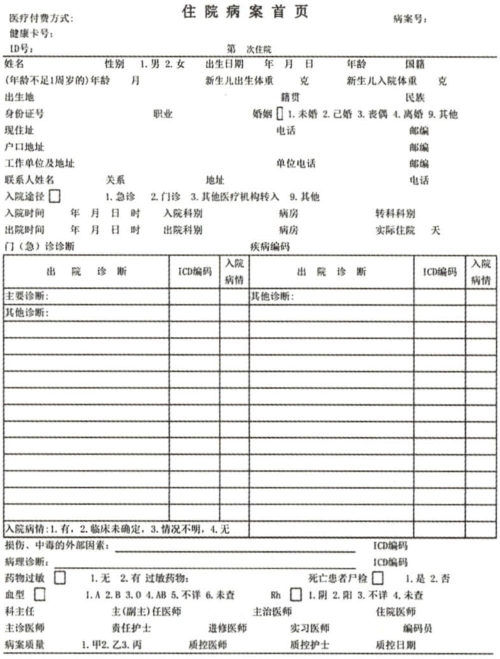
医疗付费方式：　　　住 院 病 案 首 页　　　病案号：
健康卡号：
ID号：　　　第　次住院

姓名　性别　1. 男 2. 女　出生日期　年　月　日　年龄　国籍
(年龄不足1周岁的)年龄　月　新生儿出生体重　克　新生儿入院体重　克
出生地　籍贯　民族
身份证号　职业　婚姻 □ 1. 未婚 2. 已婚 3. 丧偶 4. 离婚 9. 其他
现住址　电话　邮编
户口地址　邮编
工作单位及地址　单位电话　邮编
联系人姓名　关系　地址　电话
入院途径 □　1. 急诊　2. 门诊　3. 其他医疗机构转入　9. 其他
入院时间　年　月　日　时　入院科别　病房　转科科别
出院时间　年　月　日　时　出院科别　病房　实际住院　天
门（急）诊诊断　疾病编码

出　院　诊　断	ICD编码	入院病情	出　院　诊　断	ICD编码	入院病情
主要诊断：			其他诊断：		
其他诊断：					
入院病情：1. 有，2. 临床未确定，3. 情况不明，4. 无					

损伤、中毒的外部因素：　ICD编码
病理诊断：　ICD编码
药物过敏 □　1. 无　2. 有 过敏药物：　死亡患者尸检 □　1. 是 2. 否
血型 □　1. A 2. B 3. O 4. AB 5. 不详 6. 未查　Rh □ 1. 阴 2. 阳 3. 不详 4. 未查
科主任　主(副主)任医师　主治医师　住院医师
主诊医师　责任护士　进修医师　实习医师　编码员
病案质量　1. 甲2. 乙3. 丙　质控医师　质控护士　质控日期

图2-25　病历信息图表

图表的形式进行保存。例如，古籍中的地图、天文观测图等可以被扫描并转化为数字图像格式存储。

信息图表设计能够将相关信息整合在一个视觉化的整体中，从而保障信息的完整性。在保存信息时，不会出现信息碎片化或关键信息遗漏的问题。以医学领域为例，病人的病历信息图表可以将患者的基本信息、病史、症状、检查结果、诊断结论等一系列信息整合在一张或一组图表中（图2-25）。医生在查阅病历进行复诊或研究病例时，可以从这个完整的信息图表中获取全面的信息，而不是从分散的文字记录和检查报告中拼凑信息。对于一些慢性疾病患者或需要长期跟踪治疗的患者来说，这种完整性至关重要。

第二节　信息图表设计的原则

（一）准确传达，信息明了

能够准确传递信息是信息图的基本目标，也是信息可视化设计所要遵循的首要原则。要实现这个目标，首先需要明确的是信息图设计的目的、主题与受众，这是贯穿信息图设计始终的主线和定位，也是信息图能否满足准确传递信息的功能的关键。其次，建立清晰明确的视觉逻辑，进一步理清所用的视觉元素之间的关系，在无须任何附加解释与额外帮助的基础上利用视觉元素的强大力量准确传递信息，实现信息图的功能与作用。

准确传达是为了传达数据和信息。因此，设计师必须确保图表中的所有元素都能够准确地表达所要传达的信息，这包括正确的数据来源、准确的数据处理和计算，以及精确的数据表示。例如，在绘制柱状图时，确保每个柱子的高度与对应的数据值成正比；在绘制折线图时，确保每条线的走势与数据的变化趋势相吻合。只有准确传达信息，信息图表才能发挥其应有的作用。

信息明了是指信息图表的设计应该让读者能够轻松地理解所呈现的数据和概念。为了实现这一目标，设计师需要遵循以下几点。

① 简洁：避免在信息图表中使用过多的视觉元素和装饰，以免分散读者注意力。选择最能表达数据和概念的元素，并将其组织得清晰有序。能够使图表直观易懂，图标应能够迅速传达其核心意义，用户无须过多思考就能理解其含义。

② 一致性：在整个信息图表中保持视觉元素的一致性，如颜色、字体、图标等。这有助于提高图表的可读性，使读者更容易理解数据和概念。

③ 层次感：通过调整视觉元素的大小、颜色、透明度等属性，为信息图表创建层次感。这样，读者可以更轻松地识别出主要信息和次要信息，从而更好地理解数据和概念。

④ 交互性：对于交互式信息图表，需要确保用户界面友好，操作简单直观。这样，用户可以方便地探索和分析数据，从而更好地理解所呈现的信息。

⑤ 可读性：图标的形状、线条和颜色应足够清晰明了，以便在各种尺寸和背景下都能被用户识别。并且能够避免歧义，确保图标不会因文化差异、语言障碍或视觉障碍而产生误解。

⑥ 功能性：图标应能够准确地反映其代表的功能或信息，以便用户能够快速地找到所需的内容。对于需要用户交互的图标，应提供明确的反馈和响应，以增强用户体验。

⑦ 适应性：图标应能够在不同尺寸下保持清晰度和可读性，以适应不同的设备和屏幕尺寸。考虑不同文化背景的用户，避免使用可能产生误解或冒犯的符号或图案。

⑧ 无语言障碍性：图标应能够跨越语言障碍，被不同文化背景的用户所理解。避免文字依赖，尽量通过形状、线条和颜色来传达信息，而不是依赖文字说明。

准确传达和信息明了是信息可视化设计中两个至关重要的原则。设计师需要确保信息图表能够准确地表达数据和概念，同时以清晰、简洁、一致的方式呈现给读者，以便他们能够轻松地理解所呈现的信息。

例如下面这张信息图用简明而严谨的方式展示了在历史上曾经爆发的天花、麻疹、西班牙流感、黑死病、艾滋病、查士丁尼瘟疫等十次最致命的流行病的暴发时间、死亡人数、病症表现等数据信息，让受众能够全面了解这些历史上曾经爆发的致命流行病。整体版式采用简单的几何图形构成，其中重要的数据则通过最大的圆形以及最醒目的红色进行标明，让人阅读时可以直接抓住重点（图2-26）。

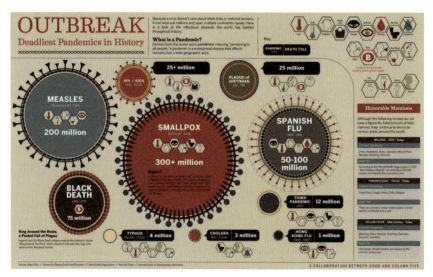

图2-26　病毒信息图表设计

（二）吸引眼球，令人心动

　　优秀的信息图之所以能吸引受众的目光，引起受众的关注进而提升信息传递的效率，是在于其拥有极强的视觉美感和表达意趣，因此这样的信息图可能是光芒四射的，也可能是新颖生动的，还可能是幽默风趣的，它们以各自独特的视觉效果与艺术魅力吸引着受众的目光。因此，在信息可视化设计中，利用视觉设计的力量创造信息图独一无二的视觉美感和表达意趣，能引起受众的阅读兴趣，提升信息传递的有效性。信息图表通过图形、图像和视觉元素来传达复杂的信息和数据。与纯文本相比，图形更易于被大脑快速处理和理解。它们能够直观地展示数据之间的关系、趋势和模式，使得观众能够迅速抓住重点，无须花费大量时间阅读和分析。

　　优秀的信息图表设计往往能够引发观众的情感共鸣。通过巧妙的图形设计和色彩搭配，图表能够传达出特定的情感氛围，使观众在获取信息的同时产生情感上的共鸣。此外，图表中的视觉元素往往能够成为观众的记忆点，帮助他们更好地记住所传达的信息。随着设计技术的不断发展，信息图表的设计也越来越具有创新性和个性化。设计师们通过运用各种设计技巧和工具，创造出独特而富有创意的图表形式。这些创新性的设计不仅吸引了观众的眼球，还提高了图表的信息传达效果。信息图表设计之所以吸引眼球，是因为它们具有直观性、视觉吸引力、简洁性、跨语言与文化交流能力、情感共鸣与记忆点以及创新性与个性化等特点。这些特点使得信息图表成了一种高效、直观且富有吸引力的信息传递方式。

一个好的信息图表应该能够在第一时间吸引读者的注意力。为了实现这一目标，设计师可以运用以下几种策略。

① 使用鲜艳的颜色：色彩不仅能增加视觉吸引力，还能传达特定的情感和信息。对比强烈的颜色可以迅速吸引读者的眼球。设计师可以选择一种主题色，并在整个信息图表中保持颜色的统一性，以提高图表的可读性和吸引力。高质量的图像、吸引人的图标和有趣的插图能够迅速抓住观众的眼球，并帮助他们更好地理解信息。

② 创造视觉焦点：通过调整视觉元素的大小、形状和颜色，可以在信息图表中创建视觉焦点。这样，读者可以迅速找到图表的核心内容，从而更好地理解数据和概念。下面这张信息图表采用了真实的圣诞树作为整幅图表的背景，通过

图2-27　圣诞树图表设计

圣诞树上的灯带映射在白色背景上发出的梦幻灯光将整张图片的色调统一了起来，创造了视觉的焦点。再配上旁边清晰明了的标注，不仅没有破坏这样的画面，还增添了一种整齐有序的感觉，可以激发人们的购买欲望（图2-27）。

③ 运用有趣的图形：使用有趣的图形和图标可以使信息图表更具吸引力。这些图形和图标可以是通用的，也可以根据具体内容进行定制，以提高图表的相关性和趣味性。如图2-28所示的作品用诙谐轻松的手绘插画让人们感受到2米安全距离的长度大约有多远，非常生动有趣。

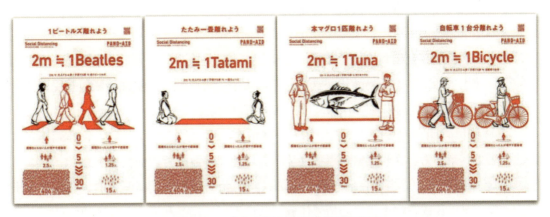

图2-28　2米安全距离大约是多远信息图

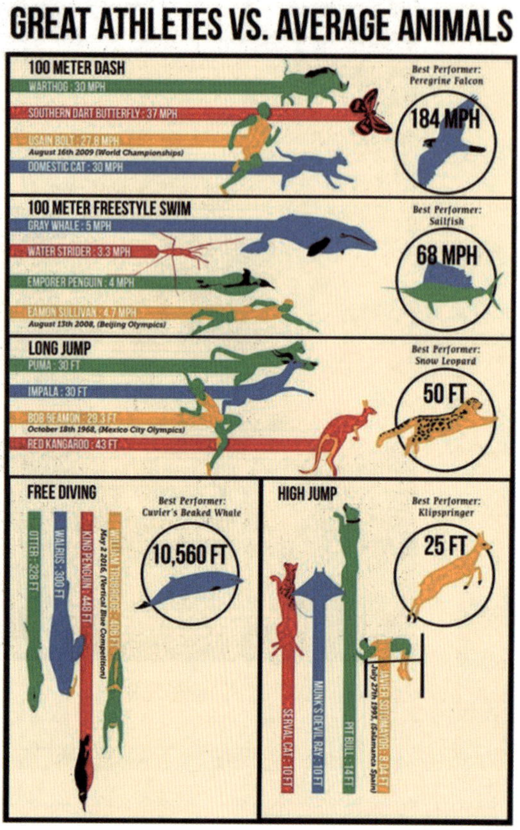

图2-29　优秀运动员对战普通动物信息图表设计

④ 添加动态效果：对于交互式信息图表，可以添加一些动态效果，如平滑的过渡、动画等，以提高图表的吸引力。然而，要注意不要过度使用动态效果，以免影响读者的阅读体验。

⑤ 创意布局与新颖视角：从一个独特的角度呈现信息，提供观众未曾见过的见解或数据。使用非传统的布局或形状来打破常规，使信息图更具吸引力（图2-29）。

⑥ 相关性和实用性：确保信息图的内容与观众的兴趣和需求紧密相关，提供他们真正想要了解的信息。并且设计易于分享的信息图，使观众能够轻松地将它们传播给朋友和同事，从而扩大影响力。

一个令人心动的信息图表应该能够激发读者的情感共鸣，使他们对所呈现的数据和概念产生兴趣。为了实现这一目标，设计师可以运用以下几种策略。

① 讲述故事：通过将数据和概念融入到一个有吸引力的故事中，可以使信息图表更具吸引力。故事可以让读者产生共鸣，从而更好地理解和记住所呈现的信息。下图使用了一种非常直观的方法，可以让读者一下子就了解到太阳系中行星大小对比。图中从大到小来看，木星是一个"西瓜"，土星是一个大的"葡萄柚"，天王星是一个"苹果"，海王星是一个"酸橙"，金星和地球是樱桃"番茄"，火星是一个"蓝莓"，水星是一个"胡椒粒"。使用生活中常见的物品代替这些行星的大小，可以让读者更加清晰地感受到这些行星的差距，科普性与趣味性相结合（图2-30）。

② 强调情感元素：在信息图表中加入一些情感元素，如表情符号、人物插画等，可以让图表更具亲和力。这些元素可以帮助读者更好地理解数据背后的情感和意义。

③ 运用幽默感：适当地在信息图表中加入幽默元素，可以提高图表的趣味性和吸引力。幽默感可以让读者产生积极的情感体验，从而更好地接受和记住所呈现的信息。

④ 关注用户体验：在设计信息图表时，要始终关注用户体验。确保图表易于阅读、

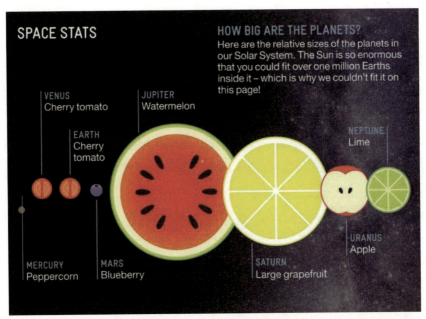

图2-30　行星的大小图表设计

操作和分享，以提高用户的满意度和参与度。如果可能的话，添加一些交互元素（如点击放大、滑动查看更多等），让观众能够更深入地探索信息图。鼓励观众通过评论、分享或参与调查等方式与信息图进行互动，增加他们的参与感和归属感。

　　⑤ 品牌一致性：保持信息图的视觉风格与品牌形象一致，增强品牌的识别度和记忆点。在信息图中巧妙地融入品牌信息，如标志、口号或颜色，以加强品牌印象。

　　总之，吸引眼球和令人心动是信息可视化设计中两个重要的原则。设计师需要运用各种视觉元素和策略，确保信息图表能够在第一时间吸引读者的注意力，并激发他们的情感共鸣，从而提高信息的传播效果。

（三）去粗取精，简单易懂

　　在信息图表设计的世界中，去粗取精，简单易懂的设计原则是一条金科玉律，它要求设计师在创作过程中，剔除冗余的信息，保留核心内容，以最简洁明了的方式呈现信息。这一原则的核心在于对信息的精炼和优化，确保每一个元素都能够为理解信息贡献力量，即便是复杂的主题也能够被普通观者轻松把握。信息可视化设计的简明性体现在两个关键方面：一是信息内容的精准提炼，二是视觉呈现的简洁明了。首先，信息图表应确保内容的精炼，以便于观者的快速获取和记忆，以最少的元素达到最佳的传达效果，突出重点以增强信息传达效果，从而提高信息传递的效率。其次，在视觉设计上，应遵循简约原则，仅在满足功能需求的前提下使用必要的视觉元素，以形成清晰直观的视觉信息形态，减少观者的视觉和认知负担，进而优化信息的传递效果。

简洁明了的设计往往更具视觉吸引力，能够吸引观众的注意力、提升用户的体验感并激发他们的兴趣。信息图表设计应注重易用性，使观众能够轻松地浏览、理解和分享图表。去粗取精和简单易懂的设计有助于提升用户体验，使观众更愿意使用和分享这些图表。简单易懂提高普及性，简单明了的信息图表能够跨越不同的文化和知识背景，被更广泛的受众所接受和理解。去粗取精和简单易懂的设计原则也符合无障碍设计的要求，使那些有视觉或认知障碍的人也能够更容易地获取和理解信息。

去粗取精的设计原则要求设计师具备一双慧眼，能够在纷繁复杂的数据中识别出最有价值的信息，并将其提炼出来。这不仅仅是一个筛选过程，更是一种艺术化的表达。设计师需要深入理解信息的本质，抓住关键点，将之转化为图表中的视觉焦点。在这个过程中，设计师可能会舍弃一些次要的细节，甚至是看似有趣但实则分散注意力的信息，以确保图表的清晰性和直观性。为了实现去粗取精，设计师可以遵循以下几点。

① 确定主题：在设计信息图表之前，明确传达的主题和目标。这将有助于设计师在筛选数据和信息时有一个明确的方向。

② 评估数据的重要性：对数据进行评估，判断哪些数据对传达主题至关重要，哪些数据是次要的或无关紧要的。保留关键数据，剔除非关键数据。

③ 明确目标受众：确定图表的目标读者是谁，他们的背景、兴趣和知识水平如何。根据受众的需求和偏好调整图表的复杂度和风格。

④ 精简信息：筛选关键数据，只展示对受众最重要的数据和信息。避免冗余，去除不必要的细节和重复信息。

⑤ 选择合适的图表类型：匹配数据特点，根据数据的性质（如时间序列、比较、分布等）选择合适的图表类型（如折线图、柱状图、饼图等）。并且考虑可读性，选择易于理解和阅读的图表类型。

⑥ 删除冗余元素：在设计过程中，注意删除那些对传达信息没有帮助的视觉元素，如多余的线条、颜色、图标等。保持信息图表的简洁和清晰。如图2-31所示的信息图简单明了地向受众介绍和展示了不同酒杯的造型特色，并通过色彩巧妙地把这些酒杯分为红酒杯、白酒杯、甜酒杯、起泡酒杯和混合酒类杯5种类型。整幅图只有不同的酒杯和颜色，说明性的文字非常之少，相对于大段的介绍性文字，这样简洁直观的图形反而能够传达出最精准的含义。

简单易懂则是对信息图表设计可访问性的要求。设计师应当避免使用过于专业或复杂的术语，而是选择大众熟悉的语言和视觉符号，使得信息图表能够跨越知识和文化的障

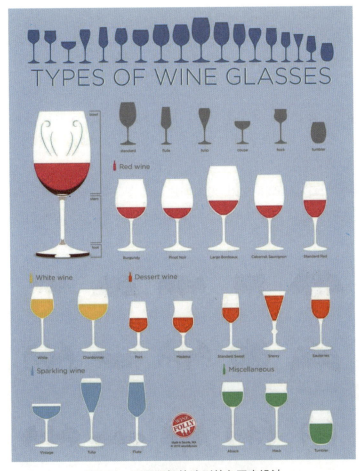

图2-31　不同酒杯的造型特色图表设计

碍，被更广泛的受众理解。简单并不意味着简陋，而是通过精心设计的视觉元素，如清晰的标签、易于理解的图标、有序的布局，来降低观者的认知负担，使得信息传递更加高效。为了实现这一目标，设计师需要遵循以下几点。

① 使用清晰的语言：在信息图表中使用简单、明确的语言，避免使用复杂的术语和难以理解的表达方式。

② 保持一致性：在整个信息图表中保持视觉元素的一致性，如颜色、字体、图标等。这有助于提高图表的可读性，使读者更容易理解数据和概念。遵循所在行业或组织的视觉规范，以确保图表的专业性和可识别性。

③ 提供清晰的标签和说明：为图表中的每个元素提供清晰的标签和说明，以便读者能够准确地理解数据和概念之间的关系。

④ 优化视觉设计：使图表整体简洁明了，使用清晰、一致的视觉元素（如颜色、字体、线条等）。避免杂乱，减少视觉干扰，保持图表整洁。适当标注，使用标题、图例和

注释来解释图表中的数据和元素。

⑤ 测试与反馈：预览效果，在发布前预览图表，确保其在不同设备和浏览器上都能正确显示。需要收集反馈，邀请目标受众或同事对图表进行评审，收集他们的反馈并进行必要的调整。

⑥ 强调数据关联和趋势：突出关键点，使用颜色、大小或形状的变化来强调数据中的关键点或趋势。需要引导视线，通过视觉引导（如箭头、线条或视觉层次）帮助受众更好地理解数据之间的关系。

⑦ 考虑无障碍设计：必要时列出文本描述，为图表提供详细的文本描述，以便那些无法直接查看图表的人能够理解其内容。并且考虑色彩对比度，确保图表中的颜色对比度

图2-32　蝙蝠侠标志演变

足够高，以便所有受众都能清晰地区分不同的元素和数据。

⑧ 分层显示信息：通过调整视觉元素的大小、颜色、透明度等属性，为信息图表创建层次感。这样，读者可以更轻松地识别出主要信息和次要信息，从而更好地理解数据和概念。如图2-32所示的图表是蝙蝠侠标志演变，这张图表中每一个小图标的信息层级都是一样的，因此作者采用了非常规矩整齐的排列方式为每一个图标配上文字说明，让读者可以快速定位到自己想找的元素上面。

（四）视线流动，构建时空

在信息图表设计中，视线流动，构建时空的设计原则是一个核心概念，它旨在通过设计引导观众的视线，从而优化信息的传达和接收。这一原则强调的是设计师如何通过对图表的布局、元素的排列以及视觉引导线的运用，创造一个有序的视觉流，使得信息的呈现不仅逻辑清晰，而且富有节奏感和层次感，从而在观者的心中构建出一个虚拟的时空框架。人的视线在阅读信息图表时，往往会遵循某种自然的流动规律，这通常与人们的阅读习惯、视觉感知和认知过程密切相关。例如，人们通常会从左到右、从上到下地阅读信息，这是受文化和教育背景影响的一种自然倾向。因此，在设计信息图表时，应充分考虑这些视线流动的规律，以引导观众按照设计师的意图接收信息。

在信息图表中，应有一个明确的视觉焦点，即观众首先注意到的地方。这个焦点可以是图表的核心信息、重要数据或引人注目的视觉元素。通过设计手段（如颜色、大小、形状等）突出这个焦点，可以吸引观众的注意力，并引导他们进一步探索图表中的其他信息。在信息图表中，各个元素之间应保持视觉上的连贯性。这可以通过使用相似的颜色、形状和字体等设计元素来实现。视觉连贯性有助于观众在浏览图表时形成整体的认知框架，从而更好地理解和记忆信息。视线流动构建空间的原则在信息图表设计中具有至关重要的作用。遵循这些原则并灵活运用相关技巧，设计师可以创造出具有吸引力、可读性和易理解性的信息图表，从而有效地传达信息并提升观众的阅读体验。

视线流动的原则要求设计师在创作信息图表时，必须考虑到观者的阅读习惯和视觉心理，精心设计信息的展现顺序。例如，在时间序列的数据图表中，设计师通常会按照时间线的顺序，从左到右或从上到下排列信息，这样观者的视线就能自然地按照时间顺序流动，从而更好地理解事件的发展脉络。良好的视线流动可以引导读者依次关注信息图表中的各个元素，从而更好地理解数据和概念。为了实现良好的视线流动，设计师可以遵循以下几点。

① 使用对齐：将相关元素进行对齐，可以引导读者的视线沿着特定的路径移动。对

齐还可以提高信息图表的整体美感和易读性。如左对齐、右对齐或居中对齐，以保持整体的一致性。外部元素应与图表边界对齐，没有超出边界的部分，以营造整洁、有序的视觉效果。

② 创建层次：通过调整视觉元素的大小、颜色、透明度等属性，信息图表中的信息应按照其重要性和逻辑关系进行层次结构的划分。通过设计手段（如大小、位置、颜色等）来区分不同层次的信息，可以使观众在浏览图表时形成视线流动，更快地抓住重点，理解信息的整体结构。

③ 引导线：在信息图表中使用引导线（如箭头、线条等），可以明确地引导读者的视线从一个元素移动到另一个元素。引导线应尽量简洁，避免过于复杂。这些元素可以形成自然的视线路径，使观众能够按照设计师的意图有序地浏览图表中的信息，形成自然的视线流动路径（图2-33）。

④ 利用空间布局：空间布局是构建视线流动空间的重要手段。设计师可以通过合理安排图表中各个元素的位置和大小关系，来形成自然的视线流动路径。同时，还可以利用空白区域来分隔不同的信息块，增强图表的可读性和易理解性。

⑤ 利用颜色对比：通过颜色对比来突出关键信息和引导视线流动。例如，使用鲜艳的颜色来强调重要的数据点或信息块，或者使用颜色渐变来形成自然的视线流动路径。

⑥ 保持简洁明了：在设计信息图表时，应尽量避免过多的元素和细节干扰观众的视线流动。通过简化设计、去除不必要的元素和细节来突出关键信息，使观众能够更快地理解和记忆图表中的信息。

构建时空的原则则要求信息图表不仅仅是静态的展示，更要反映出信息之间的时空关系。在空间布局上，设计师可以通过地理位置的分布、不同区域的数据对比等方式，展现信息在空间上的分布特征和关系。在时间维度上，则可以通过动画、时间轴等形式，展现信息随时间的变化趋势，为观者提供一个动态的时空体验。为了实现有效的时空构建，设计师可以遵循以下几点。

① 时间轴：对于涉及时间变化的数据，可以使用时间轴来展示数据随时间的发展。时间轴可以是线性的，也可以是曲线形的，具体取决于数据的特点。

② 空间分布：对于涉及空间分布的数据，可以使用地图或其他空间表示方法来展示数据的分布情况。在设计空间分布图表时，要注意保持地图的比例和准确性。

③ 动画和交互：对于涉及时间或空间变化的数据，可以使用动画和交互效果来展示数据的变化过程。动画和交互应尽量简洁明了，避免过于复杂，以免影响读者的阅读体验。

④ 构建层次结构：信息图表中的信息应按照其重要性和逻辑关系进行层次结构的划

图2-33　动物寿命信息图表设计

分。通过设计手段（如大小、位置、颜色等）来区分不同层次的信息，可以使观众在浏览图表时能够更快地抓住重点，理解信息的整体结构，如图2-34所示，设计师通过设计元素的层次结构构建来引导观众的视线流动。具体设计时可以将重要的信息放在图表的前部或顶部位置，将次要的信息放在后部或底部位置。同时，还可以使用不同的字体大小、颜色或形状来区分不同层次的信息。

　　视线流动，构建时空的设计原则，还要求设计师在信息图表中创造出适当的视觉焦点，这些焦点可以是图表的关键数据点、重要的转折点或者是需要特别强调的信息。通过对比、突出显示等手法，设计师可以确保观者的注意力被有效地引导到这些关键部分，从而加深对整个图表信息的理解和记忆。

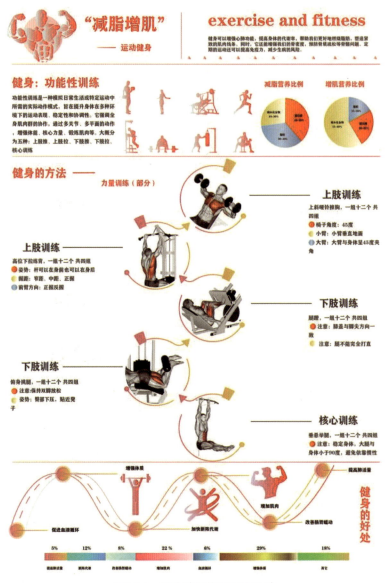

图2-34　运动健身信息图表设计

（五）摒弃文字，以图释义

相较于文字，图形在表达信息方面具有显著的优势，能够更快速、准确地传达信息。图形通过视觉元素如形状、颜色、大小等，能够直观地展示数据之间的关系和趋势，使观众一目了然。在信息图表设计中，摒弃文字，以图释义的设计原则，是一种以视觉元素为核心，将信息通过图形、颜色、形状等视觉符号来表达的方法。这一原则的核心在于，通过图像的力量，使信息更加直观、生动，从而降低文字阅读的障碍，使得观者能够更加轻松地理解和记忆信息。图形在无障碍传达信息方面具有独特的优势，这是文字所无法比拟的。因此部分设计师为了在信息图表中消除视觉障碍，会尽可能地减少文字的使用，甚至完全避免使用文字，而是通过图形来直接表达意义和情感，以防止文字可能带来的视觉干扰（图2-35）。

图2-35　各国问候礼仪/奈杰尔·霍姆斯

　　摒弃文字、以图释义的信息图表能够简化信息呈现方式，提高信息获取效率。从信息可视化设计的发展目标来看，设计师的愿景是创造一种系统化的图形语言，这种语言能够完全取代信息图表中的文字，形成一种全球范围内都能理解和使用的共通视觉语言，从而实现全球性的信息交流。尽管在当前的信息可视化设计实践中，完全摒弃文字的使用还不太可能也不太现实，但设计师应当努力在确保信息准确传递的前提下，尽可能地减少文字的使用，以图形来释义，从而消除视觉障碍，提升信息的可理解性和可访问性。

　　在信息可视化设计中，摒弃文字，以图释义是一个具有挑战性的设计原则。这个原则要求设计师尽可能地使用图表、图形和符号来传达信息，减少对文字的依赖。这样做的目的是使信息图表更加直观、易于理解和跨文化传播。以下是关于这个原则的详细描述。

　　① 直观传达信息：使用图表、图形和符号可以直观地传达信息，使读者能够迅速捕捉到关键数据和概念。例如，使用柱状图比较不同类别的数据大小，使用折线图展示数据的变化趋势等。图形能够直观地展示数据之间的关系和趋势，使观众能够迅速理解图表所传达的信息。

　　② 降低认知负担：过多的文字会让读者感到压抑和困惑，增加他们的认知负担。通过使用图表、图形和符号，可以降低读者的认知负担，使他们更容易理解和记忆信息。通过直观的图形，观众可以快速获取所需信息。同时图形具有更强的视觉吸引力，能够吸引观众的注意力，使信息更加引人注目。

　　③ 跨文化传播：图形具有跨语言的特性，无须文字说明，观众就能理解其含义，从而打破了语言交流的障碍。文字在不同文化背景下可能存在语义差异，而图表、图形和符

号具有更强的普适性，更容易实现跨文化传播。

④ 提高可视化效果：适当减少文字的使用，可以使信息图表更加简洁、美观。这将有助于提高信息可视化效果，使读者更容易关注到关键信息和视觉元素。图形具有更强的视觉吸引力，能够吸引观众的注意力。在信息图表设计中，通过巧妙的图形设计和色彩搭配，可以营造出视觉冲击力强的效果，使观众更加关注图表所传达的信息。

⑤ 辅助说明文字：虽然摒弃文字，以图释义的原则要求减少文字的使用，但在某些情况下，仍然需要使用少量文字来辅助说明图表、图形和符号的含义。这些文字应简洁明了，避免冗长和复杂。

在实际应用中，摒弃文字、以图释义的信息图表已经取得了显著的效果。例如，在医学科普中，通过直观的图形展示复杂的医学知识和手术过程，使没有医学基础知识的受众也能清晰明了地理解内容。此外，在新闻报道、数据分析等领域，信息图表也已经成为不可或缺的工具。虽然摒弃文字、以图释义的原则在信息图表设计中具有显著优势，但也需要注意以下几点：确保图形的准确性和可读性。图形应该清晰明了，能够准确传达信息，避免产生歧义或误解。在必要时，可以辅以少量的文字说明或标注，以补充图形的不足或解释复杂的概念和数据。根据不同的受众群体和场景需求，选择合适的图形类型和风格，以达到最佳的传达效果。

第三节　信息图表设计的类型

（一）统计类信息图

统计类信息图能够将复杂的统计数据转化为直观的图形和图表，使人们能够快速理解数据的含义和趋势，提高信息传达效率。

对于不具备专业统计知识的人来说，统计数据往往难以理解。统计类信息图通过使用图形和图表的方式，将抽象的数据转化为具体的形象，使人们更容易理解数据的含义。在商业、科研、政府等领域，决策制定往往需要依据大量的统计数据。统计类信息图能够将这些数据以直观的方式呈现出来，帮助决策者快速了解数据的分布和趋势，从而做出更加明智的决策。

统计信息图表是一种专门用于通过统计图表对各类数据进行统计、分析和视觉呈现的信息图表形式。根据其核心功能,统计图表可被主要划分为三个类别:第一类是饼图类,其设计宗旨在于表现各部分数据在整体中所占的比例关系;第二类是柱状图类,其主要应用于不同项目或类别之间的比较分析;第三类是折线图类,其功能在于揭示数据随时间或其他连续变量变化的趋势。

1. 柱状图

柱状图是一种以长方形的长度为变量的统计图表。它通过将数据以柱子的形式展示出来,直观地反映了数据的大小和比较关系。柱状图的特点包括以下几点。

① 直观性:能够清晰地展示不同类别或时间段的数据大小差异。

② 可比性:便于比较不同数据之间的大小关系。

③ 灵活性:以根据需要调整柱子的宽度、颜色等属性,以满足不同的展示需求。用途包括比较数据大小、展示数据分布、时间序列分析等。

柱状图的优势是易于理解,对于不具备专业统计知识的人来说,柱状图能够快速传达数据的大小和比较关系。其适用范围广,可以用于展示各种类型的数据,包括数值型、分类型等。可定制性强,可以根据具体需求进行个性化设计,如添加数据标签、调整颜色等。

柱状图可以分为垂直柱状图和水平柱状图两种类型,适用于不同的数据展示需求。假设有四个水果的销量数据:苹果销量为50个,香蕉销量为40个,橙子销量为35个,草莓销量为25个,使用柱状图表示如图2-36所示。

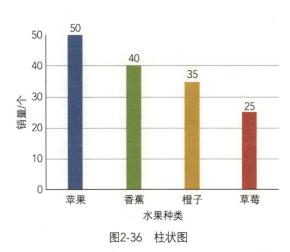

图2-36　柱状图

2. 折线图

折线图是一种通过将数据点连接成折线来展示数据变化趋势的图表。其特点如下。

① 显示趋势变化:能够清晰地反映数据随时间或其他变量的变化情况,强调数据的连续变化过程。通过趋势线可以对未来数据进行一定的预测让人们快速了解数据的发展方向。

② 适合长期数据观察:对于需要跟踪数据变化的情况非常有用。

③ 可以进行数据分析:通过趋势线的斜率等指标进行数据分析。

折线图适用于展示连续数据的变化趋势,如市场份额、人口比例等。假设有某商品在五个月内的销售额数据:1月销售额为1000元,2月销售额为1200元,3月销售额为1500元,4月销售额为1300元,5月销售额为1400元,使用折线图表示如图2-37所示。

3. 饼状图

饼状图用于展示数据的比例关系。它将数据以圆形的切片形式展示出来，直观地反映了各个部分在总体中所占的比例。饼状图适用于展示分类数据的比例关系，如市场占有率、用户满意度等。同样以上述水果销量数据为例，总销量为150个，苹果所占比例约为33.30%；香蕉所占比例约为26.70%；橙子所占比例约为23.30%；草莓所占比例约为16.70%，使用饼状图表示如图3-38所示。

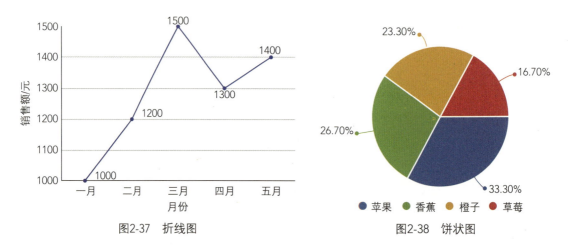

图2-37　折线图　　　　　　　　　　　　　图2-38　饼状图

柱状图、折线图和饼状图作为信息可视化中最常用的三种图表类型，各自具有独特的特点和适用场景。在实际应用中，我们需要根据数据类型、展示目的和受众需求等因素，选择合适的图表类型，以达到最佳的信息传达效果。同时，我们也可以结合多种图表类型，进行综合展示，以更全面地呈现数据的内涵和趋势。通过合理运用这三种图表，我们可以将复杂的数据转化为直观、易懂的视觉元素，为决策提供有力的支持。

在信息可视化设计的实践中，为了确保统计图表能够有效地传达信息，设计师需根据图表所承载的信息主题进行精细的艺术设计和视觉处理。这种处理不仅涉及图表的布局、色彩、符号等视觉元素的优化，还包括对数据解读的准确性和清晰度的提升，从而使得统计图表在传递数据的同时，也能提供直观和易于理解的信息解读。

统计类信息图的设计必须保证数据的准确性。在选择数据和制作图表时，要确保数据来源可靠，图表制作规范，避免出现数据错误和误导性的图表。信息图的设计要简洁明了，避免过多的装饰和复杂的图形。要突出重点数据，使人们能够快速理解信息的核心内容。信息图的设计要考虑到读者的阅读习惯和认知能力，使用易于理解的图形和图表，避免使用过于专业的统计术语和符号。同时，要注意色彩、字体等设计元素的搭配，增强信息的可读性和吸引力。信息图的设计要保持风格的一致性，包括色彩、字体、图表类型等方面。这样可以使信息图更加统一、美观，也有助于读者更好地理解信息的内容。

　　在当前的大数据时代，统计信息图表的应用范围极为广泛。数据已成为各个领域决策和洞察的重要依据，因此，几乎在所有涉及数据收集、分析和呈现的场合，统计信息图表都扮演着不可或缺的角色。它们不仅有助于复杂数据的简化表达，还能够促进信息的快速传播和跨领域的交流理解。因此，统计信息图表的设计和应用是信息可视化领域中的一个重要研究方向，对于提升数据沟通的效率和效果具有显著的意义。下图是印象派，新印象派与后印象派中十位艺术大师在十余年的作品中使用色彩的发展趋势。在颜色的可视化中，每个图表代表一幅单独的绘画，并按比例显示五种最突出的颜色。通过饼图的呈现方式，清晰地呈现了色彩的发展趋势（图2-39）。

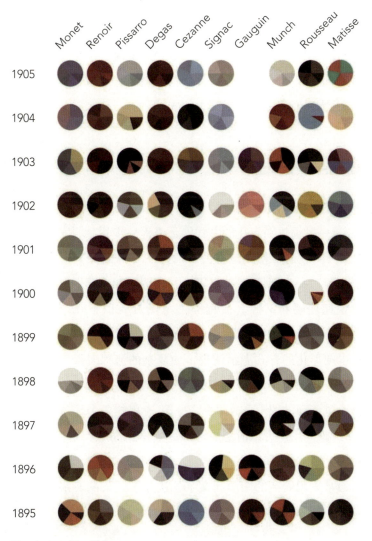

Ten Artists, Ten Years.
Each chart represents an indrvidual painting with the five most prominent colours shown proportionally.
Arthur Buxton & Derek Ruths, 2012

图2-39　色彩的发展趋势

在设计统计类信息图时，要选择具有代表性和重要性的数据进行展示。避免选择过多无关的数据，以免影响信息的传达效果。要根据数据的特点和展示需求，选择合适的图表类型进行展示。不同的图表类型适用于不同的数据展示需求，要根据实际情况进行选择。色彩搭配要合理，既要考虑到信息的传达效果，又要考虑到视觉的美观性。避免使用过于鲜艳或刺眼的色彩，以免影响读者的阅读体验。在信息图中，要对图表中的数据进行标注和说明，以便读者更好地理解数据的含义。标注和说明要简洁明了，避免使用过于复杂的语言。

统计类信息图作为信息可视化设计中的重要组成部分，具有提高信息传达效率、增强信息可读性和吸引力、支持决策制定等重要作用。在设计统计类信息图时，要遵循准确性、简洁性、可读性和一致性等设计原则，选择合适的图表类型和数据进行展示，同时要注意色彩搭配、标注和说明等问题。通过合理的设计，可以使统计类信息图更加直观、生动地传达数据信息，为人们的决策提供有力的支持。

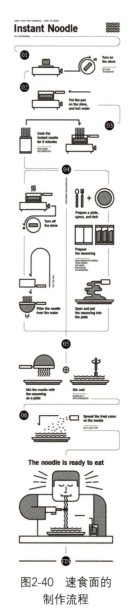

图2-40　速食面的
制作流程

（二）流程类信息图

1. 流程类信息图的定义与特点

流程类信息图是一种通过图形化的方式展示流程、步骤、顺序等信息的可视化工具。它通常使用流程图、时序图、泳道图等形式，将复杂的流程分解为一系列简单的步骤，并用图形和文字进行标注，以便用户快速理解和掌握。流程类信息图具有以下几个特点。

① 直观性：以图形化的方式展示流程，使复杂的流程变得直观易懂。用户可以通过图形快速了解流程的各个环节和步骤。

② 清晰性：通过清晰的图形和文字标注，将流程的各个环节和步骤展示得非常清晰。用户可以清楚地了解每个环节的具体内容和作用，以及流程的整体结构和顺序。

③ 简洁性：通常采用简洁的图形和文字，避免了冗长的文字说明和复杂的图表。它能够在有限的空间内展示大量的信息，使信息传达更加高效。

④ 可定制性：可以根据不同的需求进行定制，包括图形的样式、颜色、大小等，以及文字的字体、字号、颜色等。它能够满足

不同用户的个性化需求，提高信息传达的效果。

流程类信息图作为一种视觉传达手段，旨在通过图形化的方式详细展示一系列相互关联的步骤或阶段，这些步骤共同构成了一个完整的流程。它利用图标、符号、箭头、颜色编码等视觉元素，将复杂的过程简化为易于理解的线性或分支路径，使得信息的传递更加直观和高效（图2-40）。

2. 流程类信息图的重要性

流程类信息图以图形化的方式展示流程，使复杂的流程变得直观易懂，能够在短时间内传达大量的信息。用户可以清楚地了解每个环节的具体内容和作用，以及流程的整体结构和顺序，更好地理解流程的含义和目的，帮助用户制定更加科学、合理的决策。

流程类信息图可以作为团队协作的工具，帮助团队成员更好地了解流程的各个环节和步骤，以及各自的职责和任务。它能够促进团队成员之间的沟通和协作，提高团队的工作效率和质量。在流程信息图中，每个步骤通常都会被清晰地标注，并按照执行的顺序进行排列，通过连接线或箭头来指示流程的流向。这种图表不仅能够展示直接的序列关系，还能揭示并行路径、决策点、循环过程以及条件分支等更复杂的流程结构。

3. 流程类信息图的应用领域

流程类信息图广泛应用于各种领域，如项目管理、产品制造、服务流程、软件开发、教育训练等，它们帮助人们快速把握任务流程的概貌，理解各个步骤的具体内容和执行要求，以及不同环节之间的依赖关系。

流程类信息图可以用于企业管理中的流程优化、项目管理、质量管理等方面。它能够帮助企业管理者更好地了解企业的运营流程，发现问题和风险，并制定相应的解决方案。流程类信息图可以用于教育培训中的课程设计、教学方法、学习流程等方面，它能够帮助教师和学生更好地了解学习的流程和方法，提高学习的效率和质量。流程类信息图可以用于医疗保健中的医疗流程、疾病预防、健康管理等方

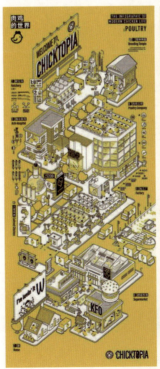

图2-41　鸡的乌托邦/吴元杰

面，能够帮助医生和患者更好地了解医疗的流程和方法，提高医疗的效率和质量。流程类信息图还可以用于政府管理中的政务流程、政策制定、公共服务等方面，它能够帮助政府管理者更好地了解政府的运营流程，提高政府的工作效率和服务质量。此外，流程信息图还能用于识别流程中的瓶颈和优化点，从而提高工作效率和流程的合理性。

如图2-41所示是南京艺术学院视觉信息设计专业的毕设作品之一，设计师是吴元杰。设计主题为"鸡的乌托邦"，是对工业化环境下食物生产流程用拟人化表述，实际是传达了食物的工业化生产给人类以及动物本身带来的影响。

如图2-42所示是南京艺术学院视觉信息设计专业的毕设作品之一，设计师是张栋顺。

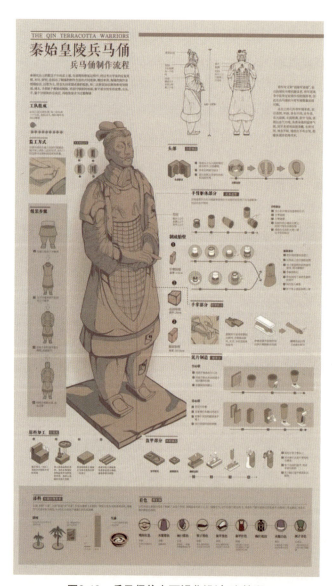

图2-42　兵马俑信息可视化设计/张栋顺

该图表从信息可视化的角度出发，以兵马俑插画为主图，详细介绍了兵马俑制作流程的图解、兵种和等级的划分，以及俑坑的平面图解析，视觉化地呈现了秦兵马俑的整体面貌。还可以作为一个信息知识性海报，让更多的人知道秦兵马俑的"美"。

流程类信息图作为信息可视化设计中的重要工具，具有直观性、清晰性、简洁性、可定制性等特点，能够提高信息传达效率、增强用户理解、辅助决策制定、促进团队协作等。在设计流程类信息图时，设计师应该遵循准确性、简洁性、一致性、可读性、可扩展性等原则，选择合适的图形和文字进行标注，使信息图易于理解和阅读。同时，设计师还应该注意避免信息过载、注意图形和文字的搭配、考虑用户需求、进行测试和反馈等问题，以设计出更加优秀的流程类信息图。

（三）分解类信息图

分解类信息图是一种专门用于深入解析和详细阐述事物对象的信息图表。它通过将复杂对象拆解为更小的组成部分，或者根据特定的解释需求将其重新组合，进而对每一部分进行详尽的展示和说明。这种信息图的目的是使受众能够通过直观的方式，深入理解事物对象的现象、本质属性、内部结构和组成要素等抽象或隐藏的信息。

在具体表现手法上，分解类信息图常常利用示意图、剖面图或截面图等视觉工具来揭示对象的内部细节，这些图形化的表达方式有助于增强受众对那些不易直接观察到的信息的认识和理解。通过这种分解和展示的过程，分解类信息图使得复杂的概念和结构变得更为透明和易于把握。如图2-43所示的信息图采用分解

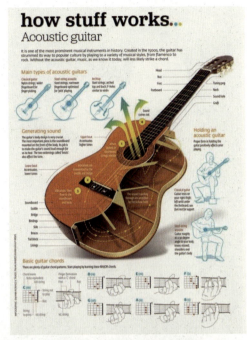

图2-43　原声吉他的运作原理

示意图的方法，采用剖面图的表现形式从原声吉他的四个关键维度——主要分类、声音生成机制、持琴姿势以及基础和弦演奏，全面揭示了原声吉他的运作原理。

分解类信息图的应用非常广泛，它可以在产品设计、生物学、工程学、教育等领域中发挥作用，帮助专业人士和普通受众更好地理解复杂系统的运作机制。在制作分解类信息图时，设计师会精心选择合适的视觉元素和符号，确保信息的准确传达和视觉上的和谐统一。此外，分解类信息图还会通过标注、图例、说明文字等辅助手段，进一步提升信息的清晰度和可读性。图2-44就是信息图表在生物学领域的运用，通过分解信息的方式介绍了植物各个部分的信息，把繁杂的文字说明通过图形转换的方式呈现在一张图表之上。

（四）故事类信息图

故事类信息图是一种将文本形式的历史或叙事内容转化为视觉信息图表的表现形式。它通过信息图的手段，将详尽的历史事件或故事情节提炼为简洁、直观且具有独特风格的设计，从而便于受众迅速吸收和理解故事的核心内容，把握故事的整体框架，迅速领悟故事的主题。

图2-44　信息图表在生物学领域的运用

　　在故事类信息图的设计过程中，考虑到每个故事都承载着时间的痕迹，设计师常常采用回忆或倒叙的手法来构建时间线，并通过引入具有象征意义的元素，增强受众的沉浸感，使得信息的传递更加生动和有说服力。这种设计策略不仅丰富了信息的表现层次，也提升了受众对故事情节的情感共鸣。这种情感共鸣能够增强信息的影响力和传播力，使受众更容易记住和分享信息。故事类信息图表可以应用于各种场景，如新闻报道、广告宣传、教育培训、企业展示等。它能够满足不同受众的需求，为各种信息传达提供了一种新的方式。

　　故事类信息图表一般以故事的形式展开，有明确的开头、中间和结尾。通过讲述一个引人入胜的故事，吸引受众的注意力，激发他们的兴趣。许多故事类信息图表都具有互动功能，受众可以通过点击、拖动等操作来探索信息，参与到故事的发展中。这种互动性能够增强受众的参与感和体验感，使他们更加深入地理解信息。

　　故事类信息图的应用并不仅限于历史或叙事内容的表达，它同样适用于呈现那些存储在人们大脑中的抽象概念、理论框架和创意想法。这类信息图能够将复杂的概念简化，将抽象的理论具体化，将创新的思路形象化，从而大大提高了信息传递的效率和效果。

　　故事类信息图的独特之处在于其叙事能力，它能够将线性的事件转化为视觉上的旅程，引导受众沿着时间的脉络，探索故事的发展。如图2-45所示的信息图旨在用清晰易懂、容易产生共感的趣味插图和信息数据相结合，向外界展现信息时代智能化给生活带来的多方面改变，既有趣味性又实在。在这张信息图上，叙事类的插画占据主要部分，相较于传统的信息图表这样的呈现方式更能提起阅读者的兴趣。

　　此外，故事类信息图的设计也考虑到了人类认知的特点，它通过视觉元素的重复、对比和节奏变化，强化记忆点，使得故事的关键信息在受众心中留下了深刻的印象。因此，无论是用于教育、历史研究、文化传播还是商业推广，故事类信息图都展现出了其独特的价值和潜力。

图2-45　智能社交

第三章
信息图表设计的内容

▶ 第三章配套课件 ◀

导读

　　一幅精心设计的信息图表，就像一位能说会道的向导，可以用生动的图形、鲜明的色彩和简洁的文字，把看似枯燥乏味的数据变得妙趣横生，让观者在轻松愉悦中获取知识。本章将带你开启一段奇妙的设计之旅，探索信息图表设计的精彩世界。从标题的精准打磨到数据的巧妙呈现，从图形图像的灵动组合到文字说明的点睛之笔，再到布局排版的巧妙构思，我们将逐一揭开这些设计要素的神秘面纱。不仅如此，你还将学会如何在信息图表的画面中精心绘制出主次信息，呈现出和谐之美。本章将为读者呈现一个全面、系统且深入的信息图表设计知识体系，无论是对于初涉设计领域的小白，还是渴望提升专业技能的设计者，都将提供宝贵的理论指导与实践参考。

知识目标

1. 深入理解信息图表设计中标题、数据、图形、图像、文字、布局与排版等共通要素的作用与设计要点。
2. 清晰把握信息图表中主次信息的整理原则与方法，包括信息收集、筛选、分类、归纳以及主次信息的确定依据。
3. 全面掌握视觉流程的概念、类型、影响因素及其在信息图表中的构建方法，理解视觉流程对信息传递效率的影响。
4. 熟悉不同媒介形式在信息图表设计中的特点、优势与局限性。

能力目标

1. 能够根据信息图表的主题和目标受众，准确设计标题，合理选择和组织数据与信息，运用恰当的图形和图像增强信息传达效果，并通过精练的文字说明补充和强化图表内容。
2. 具备对复杂信息进行有效整理和分类的能力，能够准确区分主次信息，合理安排信息层次，在设计中突出重点，同时兼顾次要信息的辅助作用，实现信息的高效传递。
3. 能够运用视觉流程设计原则，通过合理的布局、色彩、形状等设计手段引导观者的视线，确保信息图表的阅读路径清晰流畅，提高信息的接收效率和理解准确性。
4. 熟练掌握纸质媒介和电子媒介的特点，能够根据不同媒介形式的要求进行信息图表设计。

第一节

信息图表的共通要素

（一）标题

信息图表的标题是其共通要素中极为关键的一环，它为观众提供了对图表内容的初步理解和预期。标题如同信息图表的"门面"，不仅吸引观众的注意力，也引导他们正确解读图表中的数据和信息。如同我们在阅读报纸时，肯定是要先通过标题来寻找我们想要看的部分。在设计标题时，应确保其准确、简洁且具有描述性，以帮助观众快速把握图表的主旨。

1. 准确性

标题的准确性意味着它必须精确反映图表所展示的数据内容。若标题与图表内容不符，即便图表设计得再精美，也会导致观众误解，甚至失去对信息来源的信任。因此，设计师在拟定标题时需仔细审查图表数据，确保标题与数据的一致性。一方面，标题所传达的信息必须真实、准确地反映信息图表的内容，不得夸大、歪曲或虚假陈述。这是信息图表标题的基本准则，也是建立受众信任的基石。例如，如果信息图表主要展示的是某地区过去一年的经济增长数据，标题就不能写成"全球经济腾飞：某地区引领世界经济增长奇迹"，这种夸大其词的标题会误导受众，一旦读者发现实际内容与标题不符，就会对信息图表的可信度产生怀疑，从而影响信息的传播效果。因此，在创作标题时，必须对图表内容进行深入理解和准确把握，确保标题能够客观、真实地概括图表的核心信息。另一方面，标题中的用词应精准、恰当，避免模糊、歧义或过于笼统的表述，每个词汇都应具有明确的含义和指向性，能够准确传达图表内容的关键信息。例如，在一个关于不同年龄段人群消费习惯的信息图表中，如果标题写成"各年龄段消费情况"就显得过于笼统，无法让受众清晰地了解图表具体展示的是消费习惯的哪些方面，如消费品类、消费金额、消费频率等。而如果标题改为"各年龄段消费习惯大揭秘：从时尚消费到日常开销的偏好差异"，则通过精准的用词，明确了图表的核心内容是各年龄段在时尚消费和日常开销方面的偏好差异，使受众能够更准确地预期图表内容，提高信息传达的有效性。

为确保标题设计的准确性，在创作标题之前，必须对信息图表的内容进行全面而细致的研究。这包括明确图表中的数据来源、数据范围、数据所代表的含义，以及各种图形、符号和注释所传达的信息。例如，如果是一个关于不同品牌手机市场占有率的信息图表，要清楚数据是来自全球市场还是特定区域市场，是某一季度的数据还是年度数据等细节。

对于复杂的信息图表，可能涉及多个数据系列或主题分支，需要梳理清楚它们之间的关系。比如，在一个展示公司财务状况的信息图表中，包括营收、利润、资产负债等多个方面，要准确把握这些内容之间的相互关联和重点部分，才能确保标题能够真实反映图表的整体内容。同时，要避免歪曲图表内容。不能为了迎合某种观点或强调某个方面而故意改变信息的真实含义。比如，在一个关于不同能源类型碳排放对比的图表中，不能只突出某一种能源的高碳排放而忽略其在其他方面的优势，标题也不能带有片面引导受众的倾向。而且，明确词汇含义标题中的每个词汇都应该有清晰明确的定义。在选择词汇时，要考虑其在特定领域中的准确含义。例如，在科技信息图表中，"人工智能算法"和"机器学习模型"是有区别的，不能混淆使用。如果图表主要展示的是机器学习模型的应用，标题就不能错误地表述为"人工智能算法的应用场景"。对于一些容易产生歧义的词汇，要谨慎使用。比如"大概""可能""也许"等模糊性词汇，在标题中应尽量少用，除非是在传达不确定的预测或推测内容时。精准概括核心内容标题要能够准确地提炼出信息图表的核心要点。如果图表是关于不同年龄段人群对社交媒体平台的使用频率和偏好，标题可以是"不同年龄段人群社交媒体使用频率及偏好对比"。这个标题精准地涵盖了图表的两个核心内容，即使用频率和偏好，并且明确了是在不同年龄段人群之间进行对比。

2. 简洁性

简洁性是标题设计的重要原则。信息图表的标题应尽量简短，避免冗长和复杂的表述。冗长复杂的标题会使受众产生阅读疲劳，降低信息图表的吸引力和传播效率。一般来说，标题的字数应控制在10~15个字左右为宜，在特殊情况下，如需要传达较为复杂的信息或营造特定的氛围，标题字数也不宜超过20个字。简洁的标题有助于观众快速抓住重点，尤其是在信息量庞大的图表中，简明的标题更能突出核心内容，提高信息传递的效率。

为确保信息图表中标题设计的简洁性，首先需要深入分析信息图表的内容，确定最关键的信息点，不要让次要的细节信息充斥在标题中，并选择简洁的词汇来传达信息，避免使用没有实际意义的填充词。其次，从整体平面设计的视觉平衡角度出发，标题长度过长会使信息图表显得头重脚轻或者拥挤杂乱。要根据图表的尺寸和布局，合理确定标题的长度。例如，在一个较小尺寸的移动设备信息图表中，标题最好控制在较短的字数范围内，以避免占据过多空间，影响图表主体内容的展示。考虑标题与图表中其他元素（如图形、数据标签、注释等）的比例关系。如果标题过长，可能会掩盖或弱化其他重要元素的视觉效果。注意行间距和字间距调整，即使标题字数相对较多，通过合理调整行间距和字间距，也可以在一定程度上缓解标题的冗长感。适当增加行间距可以使标题更易阅读，同时给人一种简洁、清爽的感觉。例如，对于一个两行的标题，适当加大行间距可以使其在视觉上更清晰，减少拥挤感。此外，不要使用过多的字体特效，如阴影、渐变、立体效果等复杂的样式来装饰标题。这些效果可能会使标题看起来过于花哨，增加视觉负担，同时也会掩盖文字本身的简洁性。如果需要突出标题的某些部分，可以采用简单的方式，如加粗、变色（但颜色种类不宜过多）等。同时要选择合适的对齐方式，左对齐、居中对齐或右对齐方式各有特点，选择合适的对齐方式有助于提升标题的简洁性。左对齐是最符合人们阅读习惯的方式，看起来整齐、规范，适用于大多数简洁风格的信息图表标题。居中对齐方式可以使标题在视觉上更加平衡、突出，适用于一些需要强调标题整体感的情况。

3. 描述性

描述性标题能够为观众提供图表的背景和上下文。标题能够清晰、准确且尽可能完整地传达信息图表的核心内容、主题范围、主要对象以及关键特征等信息。它就像是一个简短的指南，让观众在查看图表细节之前，对图表所涉及的大致内容有一个较为全面的认识。一个优秀的标题不仅能概括图表的主题，还应暗示图表所展示的数据范围、时间周期或比较对象。这样的标题有助于观众在浏览图表前建立正确的心理预期，从而更有效地解读信息。

为确保信息图表中标题设计的描述性，标题要清晰地表明信息图表的主题，明确信息所涉及的主要对象，准确描述信息的范围，包括时间范围、空间范围或数据范围等，强调图表中的关键内容或主要观点。比如，在一个关于健康饮食的信息图表中，标题"健康饮食法则：碳水化合物、蛋白质和脂肪的合理搭配"突出了碳水化合物、蛋白质和脂肪的搭配这一重点内容。同时，可以通过改变字体的粗细、大小来突出标题中的关键信息，如果标题包含多个层次的信息，可以使用不同的字号来体现信息的主次，也可以利用色彩来吸引观众的注意力到标题中的重要部分。例如，在标题"城市交通拥堵解决方案：公共交通（重点）、交通管理、道路建设"中，可以将"公共交通"用醒目的颜色（如红色）突出显示，表明这是图表重点阐述的内容，从而增强标题的描述性。如果标题涉及多个不同的内容范畴，可以用不同的颜色来区分它们。比如，在"自然景观与人文景观：旅游吸引力对比"这个标题中，可以使用绿色表示自然景观，黄色表示人文景观，通过颜色的区分，让观众更清楚地了解图表是在对比自然景观和人文景观这两个不同范畴的旅游吸引力。

标题的设计形式也是不可忽视的要素。字体的选择、大小、颜色和排版都会影响标题的视觉效果。标题应足够醒目，以便在视觉上与图表内容区分开来，同时又需保持整体的和谐统一，确保信息图表的专业性和美观性。标题作为信息图表的共同要素，承载着引导观众解读、突出主题内容和提升整体设计质量的重要作用。一个精心设计的标题能够使信息图表更具吸引力、更易于理解，并在信息传播的过程中发挥出更大的价值（图3-1）。

图3-1　标题的不同排版方式

（二）数据和信息

信息图表的设计与呈现离不开其核心要素——数据和信息。它们是信息图表的灵魂，决定了图表的价值和意义。数据和信息在信息图表中的处理和展示，需要经过精心的挑选、组织和视觉化转换，以确保观众能够轻松地理解复杂概念、发现趋势和模式，并作出相应的判断和决策。

数据和信息的选择是信息图表设计的起点，它要求设计师具备对数据的敏感度，能够从大量信息中筛选出最关键、最相关的数据点。这些数据点应当能够支持图表的主题，传达预定的信息，同时避免无关或误导性的数据干扰观众的视线。在这一过程中，设计师不仅要考虑数据的准确性，还要考虑其完整性和代表性，确保信息图表的可靠性和说服力。

在信息图表设计中，为了使信息图表更加简洁明了，需要对信息进行整合与分组，将相关的信息元素组合在一起，形成有意义的信息模块。例如在图3-2中，作者将粮价上涨原因、人口与粮食需求量及粮价关系、历史上的重大粮食危机、历史危机应对措施以及避免产生粮食危机的方法相关信息组合在一起，集中呈现粮食危机相关信息。同心圆的造型使信息逐级展开，让受众沿着原因—现状—措施—方法的顺序逐步对粮食危机相关问题产生深入的了解。

此外，还要对信息进行合理的层级划分，将核心信息置于首要层级，突出重点，使其能够快速吸引受众的注意力。且信息图表中的信息应具有清晰的流向和合理的逻辑关系。一般来说，可以采用从上到下、从左到右的顺序引导受众阅读信息，符合人们的阅读习惯。同时，要通过线条、箭头、图形的排列组合等方式明确信息之间的逻辑关联。例如，

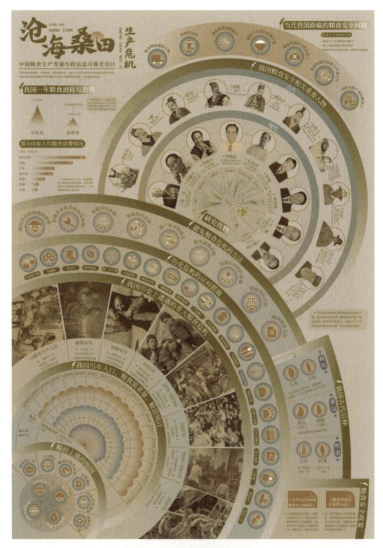

图3-2　信息模块的组合

在一个关于新产品发布的信息图表中，新产品的名称、主要功能和独特卖点应作为核心信息，在图表的显眼位置以较大的字体或突出的图形元素进行展示。次要信息则作为辅助层级，对核心信息进行补充说明，如产品的技术参数、使用方法等，可以采用较小的字体或相对不那么突出的视觉元素进行呈现。而背景信息或详细的数据来源等则可作为第三层级，在需要时供受众进一步查阅。通过这样的层级划分，能够引导受众逐步深入地了解信息，提高信息传达的效率。

在信息图表中，数据的呈现方式多种多样，可以是数字、文字、图形甚至是动画。设计师需要根据数据的特性和传达目的，选择最合适的视觉元素和图表形式，例如，对于时间序列数据，线性的流程图能够有效展示趋势，而对于分类数据，饼图或条形图则更能突出各部分的比例关系（图3-3）。信息图表中的数据和信息应当清晰、有序，避免造成观众的混淆。

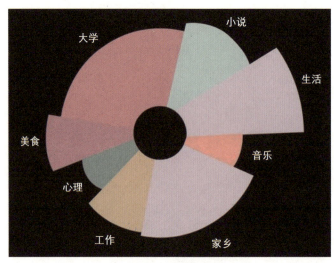

图3-3　饼状图表

此外，信息图表中的数据和信息处理还需考虑易读性和对比度。数据标签、图例和注释等辅助元素的应用，有助于解释数据的具体含义，提供必要的上下文，使得图表不仅美观，而且易于理解（图3-4）。适当的对比度能够帮助观众快速识别数据中的差异和关键点，比如通过颜色、形状或大小的对比来强调数据的高值或低值。在视觉化转换过程中，保持数据的准确性和诚实性至关重要。设计师不应为了追求视觉效果而夸大或歪曲数据，而是要确保信息图表忠实于原始数据，即使在视觉上进行了一定程度的简化或抽象，也不失其本意。

那么如何确保信息图表中数据与信息处理的易读性和对比度？首先，选择合适的图表类型，根据数据关系匹配图表，避免图表类型的误用。例如，对于比较数据大小，柱状图是理想的选择。当展示数据随时间的变化趋势时，折线图就发挥了优势。要展示数据的占比关系，饼图是常用的工具。而如果用饼图来展示数据的变化趋势就会显得十分不合适，因为饼图主要关注的是各部分占总体的比例，无法有效体现数据随时间或其他变量的动态变化。同样，也不适合用柱状图来展示复杂的比例关系，尤其是当类别过多时，柱状图会显得杂乱无章，而饼图在这种情况下可以更好地展示整体的比例结构。其次，在绘制图表时，要确保图表元素准确地反映数据。例如，在柱状图中，柱子的高度必须严格按照数据的比例来绘制。如果为了突出某个数据而故意拉长或缩短柱子的高度，就会造成数据的歪曲，误导受众。同样，在折线图中，数据点的位置和折线的连接都要准确无误，以真实地反映数据的变化情况。合理选择数据范围和刻度坐标轴的刻度选择也会影响数据的视觉呈

注释　　　　　　　　　　　　图例

标签

图3-4　中国好创意暨全国数字艺术设计大赛一等奖作品

现。如果刻度范围过大，数据的差异可能会被缩小，导致细微的变化难以察觉。反之，如果刻度范围过小，数据的波动可能会被夸大。最后，利用色彩的对比度来区分信息可以从色相、明度和饱和度三个方面入手。例如，使用互补色（如红色和绿色）来形成鲜明的对比，或者通过改变颜色的明度来突出不同的数据类别。同时，对于图表中的背景和前景元素，要确保有足够的色彩对比度，使得文字和图形能够清晰地显示。文字颜色要与背景形成良好的对比。例如，在白色背景上使用黑色文字，或者在深色背景上使用浅色文字，并且可以通过调整文字的透明度来进一步优化对比度。如果文字颜色和背景颜色过于接近，会导致文字难以辨认，降低易读性。

　　数据和信息在信息图表中扮演着至关重要的角色。它们不仅构成了图表的内容基础，也是设计师传达信息、引导观众思考和行动的关键所在。通过对数据和信息的精心处理，信息图表能够将复杂抽象的数据转化为直观易懂的视觉语言，从而提升信息的传播效率和影响力。

（三）图形和图像

　　图形和图像也是信息图表中不可或缺的视觉元素，它们对于数据的呈现和信息的传递起着至关重要的作用。在信息图表的设计过程中，图形和图像的使用不仅增强了视觉效果，也提高了信息的可读性和吸引力，更容易被观众接受和理解（图3-5）。

图形是基于点、线、面等基本的视觉元素构成的（图3-6）。基于图形可以衍生出各种图表形式，如柱状图、饼图、折线图等。这些图形能够直观地展示数据的数量、比例、趋势和关系，为观众提供了一种快速解读信息的视觉捷径。图形的选择和应用应当基于数据的特点和传达的目的，确保其能够准确反映数据的内涵，避免误导。

必游景点　车站　演出　卫生间　出入口　地图导览　精彩演艺　景区门票　景区年卡

码头　店铺　售票处　停车间　游客服务中心　免票申请　服务资讯　安全文明须知　古船游湖

图3-5　古风图标设计案例

击剑　太极　竞走　跑步　自行车

跳绳　游泳　棒球　篮球　高尔夫

瑜伽　瑜伽　体操　排球　足球

图3-6　象形图形

图像，则通常指图表中的图标、照片、插图等视觉元素，它们可以是对数据的补充说明，也可以是用于增强视觉效果和情感联系的视觉符号。图像的使用能够丰富信息图表的视觉层次，增加信息的情感表达，使图表更具吸引力。在信息图表中，图像的选择应当与主题紧密相关，避免无关图像分散观众的注意力。

图形和图像的结合，使得信息图表在传递信息的同时，也能够作为一种艺术形式存在。它们通过颜色、形状、大小和布局的巧妙运用，不仅强化了信息的视觉冲击力，也使得图表更具个性和辨识度。例如，通过颜色的对比，可以突出数据的关键部分；通过形状的变化，可以表现数据的分类和层次（图3-7）。

无论是图形还是图像，在信息图标设计中都应遵循简洁性原则。去除冗余的信息和复

杂的元素，使图标能够以最简洁的视觉形式传达最核心的信息。例如，在设计一个表示
"邮件"的图标时，一个简单的信封图形就足以传达信息，无须添加过多的装饰元素（图
3-8）。简洁的图标不仅能够提高信息传达的效率，还能够在小尺寸显示时保持清晰可
辨，适应不同的应用场景和设备屏幕。

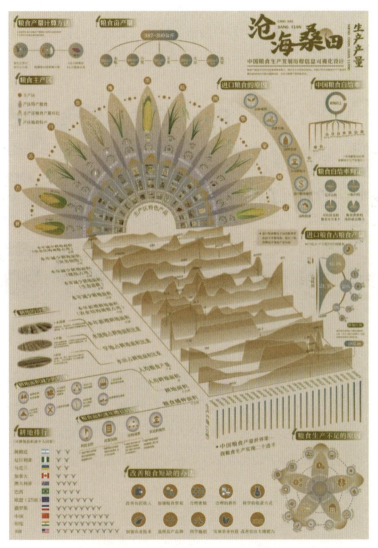

图3-7　沧海桑田——中国粮食生产发展历程信息可视化设计

图3-8　简洁的图标和装饰复杂的图标

信息图标设计的首要目的是让用户能够快速、准确地识别其含义。因此，图形和图像的设计应具有较高的易识别性。在图形设计方面，应选择具有代表性和独特性的形状和结构，避免与其他常见图形混淆。例如，在设计"电源开关"图标时，采用圆形加竖线的图形，这种独特的形状能够让用户一眼识别出其功能。在图像设计方面，应确保图像的内容清晰、明确，色彩对比度适中，能够在不同的背景环境下突出显示。例如，在设计交通指示图标（图3-9）时，使用鲜明的色彩和简洁的图像，如红色的圆形表示禁止，蓝色的箭头表示通行，使司机能够在远距离和快速行驶的情况下迅速识别。

图3-9　交通指示图标

在一组信息图标或一个信息系统中，图形和图像的设计应保持一致性。包括风格、色彩、形状、大小等方面的一致性。风格一致能够使整个信息图标系统具有统一的视觉形象，增强用户对系统的整体认知和信任感色彩一致能够建立起信息图标之间的逻辑关系和视觉层次，例如，使用相同的主色调或相近的色调来设计一组相关的图标。形状和大小一致则有助于提升信息图标的整齐度和美观度，使用户在浏览图标时能够感受到一种和谐、有序的视觉体验（图3-10）。

信息图标需要在不同的设备、平台和环境中使用，因此图形和图像的设计应具有良好的适应性。在图形设计方面，应考虑到不同屏幕分辨率和显示比例对图形的影响，确保图形在缩放过程中不会出现失真或模糊的情况。例如，采用矢量图形格式能够使图形在任意大小下都保持清晰锐利。在图像设计方面，应根据不同的背景颜色和光照条件调整图像的色彩和对比度，使图像能够在各种环境下都具有良好的视觉效果。此外，还应考虑到不同文化背景和用户群体对图形和图像的认知差异，设计出具有广泛适应性的信息图标。

在满足简洁性、易识别性、一致性和适应性等基本设计原则的基础上，图形和图像的设计还应具有一定的创意性。创意性的图标能够在众多信息图标中脱颖而出，吸引用户的注意力，提升品牌形象和用户体验。创意可以体现在图形和图像的独特组合、新颖的表现手法、巧妙的隐喻运用等方面。

在设计信息图表时，图形和图像的准确性同样重要。它们必须精确无误地代表数据，不能因为追求美观而牺牲信息的真实性。此外，图形和图像的清晰度也是设计时需要考虑的因素，确保在图表的任何尺寸下，观众都能够清晰地识别和理解这些视觉元素。

信息图表中图形与图像的设计方法可以有如下步骤。

① 需求分析：了解图标所应用的领域、目标用户群体、使用场景以及需要传达的信息内容等。根据需求分析的结果，确定图形和图像的设计方向和重点。

② 元素提取与抽象：根据需求分析确定的信息内容，提取与之相关的关键元素，并对这些元素进行抽象概括。例如，对于"音乐播放"图标，可以提取音符、播放按钮、音响等元素，并将其简化为简单的几何图形，如圆形代表音符，三角形代表播放按钮等。通过元素提取与抽象，将复杂的信息转化为简洁的图形和图像元素，为后续的设计工作奠定基础。

③ 草图绘制：在元素提取与抽象的基础上，进行草图绘制。通过手绘草图的方式快速尝试不同的图形和图像组合、布局和表现手法，探索各种设计可能性。草图绘制阶段可以不拘泥于细节，重点在于表达设计思路和创意概念。可以绘制多个不同风格和形式草图，包括极简主义风格、卡通风格、拟物化风格等，以便在后续的设计过程中进行筛选和优化。

④ 数字化设计与优化：将草图转化为数字化设计，使用专业的图形设计软件对图形和图像进行精细绘制、色彩调整、光影处理等。在数字化设计过程中，根据设计原则对图标进行反复优化，确保图形和图像的质量、清晰度、美观度和信息传达效果。例如，调整图形的线

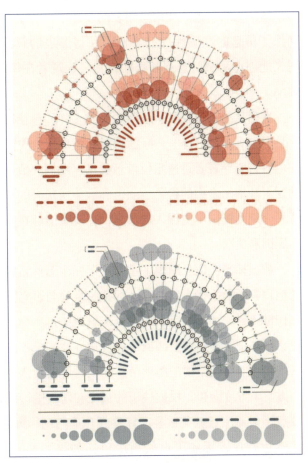

图3-10　风格一致的信息图标

条粗细、曲线平滑度，优化图像的色彩平衡、对比度等，使图标在视觉上更加完美。

⑤ 用户测试与反馈：完成初步设计后，进行用户测试。邀请目标用户群体对设计好的信息图标进行试用和评价，收集用户的反馈意见。用户测试可以发现图标设计中存在的问题，如用户难以理解图标含义、图标在特定环境下视觉效果不佳等。根据用户反馈意见，对图标进行进一步的修改和完善，确保最终设计的信息图标能够满足用户的需求和期望。

总之，图形和图像在信息图表中发挥着至关重要的作用，它们是连接数据和观众理解的重要桥梁。通过图形和图像的合理运用，信息图表能够更有效地传递信息，更生动地讲述数据背后的故事，从而在信息泛滥的时代中脱颖而出，达到高效沟通的目的。

（四）文字说明

文字的解释说明是信息图表中极为重要的元素，它扮演着解释、补充和强化视觉元素所传达信息的角色。在信息图表的设计中，文字说明不仅提供了数据的背景和上下文，还确保了信息的准确性和完整性，使得图表的解读更加直观和易懂。文字说明的巧妙运用，能够将复杂的观点和数据简化，让观者在短时间内把握核心内容，提升信息传递的效率。

在信息图表中，文字说明的形式多样，包括标题、副标题、图例、数据标签、注释和背景介绍等（图3-11）。标题和副标题是图表的窗口，它们简洁明了地概括了图表的主题和内容，引导观者迅速定位信息焦点。图例和数据标签则是对图形和图像的补充，它们帮助观者理解图表中的符号、颜色和数值所代表的具体含义，降低了解读的难度。而注释和背景介绍则提供了更深入的信息，让观者能够在了解数据表面现象的同时，也能洞察背后的原因和关联。

数据标签在信息图表中主要用于标注图形元素、数据类别、坐标轴等，使读者能够清楚地理解图形所代表的内容。标签的准确与否直接影响读者对图表数据的理解和解读。在创作标签时，标签文字要简短且准确地描述所标注的对象，避免使用过于复杂的表述，以免在图表中占据过多空间或造成视觉混乱。标签的位置也要根据图形元素的布局进行合理安排，不能遮挡重要的图形信息，同时要便于读者阅读。在柱状图中，标签可以放在柱子上方、下方或旁边，根据柱子的宽度和间距进行调整；在散点图中，标签可以靠近对应的散点，但要注意避免重叠。标签颜色应与图形元素和背景有良好的区分度。如果图形元素颜色较深，标签可以使用浅色；如果图形元素颜色较浅，标签可以使用深色或对比色。

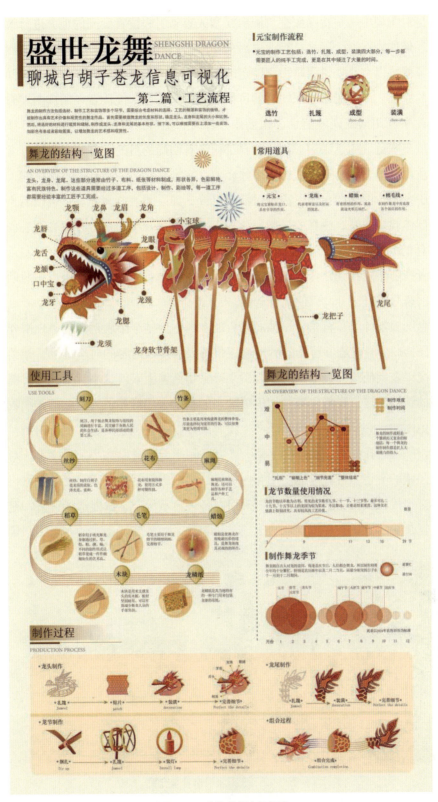

图3-11　盛世龙舞/李嘉玥

　　注释是对图表中一些特殊数据、图形元素或容易引起读者疑问的地方进行解释说明的文字部分。例如，在一个展示某行业发展历程的信息图表中，有一个数据点突然出现较大波动，注释就可以在此处说明是由于特定政策出台或重大事件影响导致的，帮助读者理解数据背后的原因。注释能够增强图表的可信度和可理解性，使读者在阅读图表时不会因为一些疑惑而中断阅读或误解信息。在创作注释时，注释只针对图表中需要解释的特定内容，不能过于宽泛或随意添加。每个注释都应该有明确的目的，是为了解决读者可能产生的疑问。注释字体通常与正文或标签字体相似，字号略小，一般在6～8磅之间，以避免在图表中过于突出，但又能在读者需要时清晰可读，如果图表空间允许，可以适当增大字号以提高阅读体验。同时，注释的排版要合理，一般采用较小的字号并放在图表的边缘或靠近需要解释的元素附近。可以使用箭头、虚线等引导线将注释与对应的图表元素连接起来，使读者能够快速找到注释与图表内容的关联。如果有多个注释，可以按照顺序编号或采用不同的符号进行区分，以便读者查阅。

　　在信息图表设计里，背景介绍如同舞台的布景，为整个图表信息的呈现搭建起一个基础框架（图3-12）。它能够帮助读者迅速定位图表所涉及内容的时空范围、相关主题领域的大致情况以及促使该图表产生的前因后果等关键情境因素。这不仅让读者对图表信息有一个宏观的认知起点，还能引导他们以更恰当的视角去理解和解读后续的详细数据与图形呈现，避免因缺乏必要的背景铺垫而产生误解或难以深入领会图表的核心内涵。在创作背景介绍时，一般选择简洁、清晰的字体，尤其适用于屏幕显示和小字号文本。对于标题等需要突出强调的文字，可以考虑使用有一定设计感但仍保持较高辨识度的字体，如加粗的黑体或具有现代风格的创意字体，但要确保在各种显示设备上都能清晰辨认，避免使用过于花哨或复杂的字体。

图3-12　陈氏太极拳背景介绍

　　同时，还要根据图表的主题和受众群体选择合适的字体风格，如果是面向儿童或轻松娱乐主题的图表，可以使用一些富有童趣、活泼的字体；而对于商务、科技等严肃主题的图表，则应采用简洁、稳重的字体。字号的大小要与图表的整体布局和元素大小相协调，在一个元素较多、布局紧凑的图表中，字号不宜过大，以免造成视觉上的拥挤和混乱；而在元素相对较少、空间较为宽松的图表中，可以适当增大字号，增强文字的视觉冲击力。通过合理的文字排版引导读者的阅读顺序，充分利用图表的空间进行文字排版，避免文字过于集中或分散。在有限的空间内，要根据文字的重要性和内容逻辑进行布局，例如，对于较长的正文内容，可以采用分段、缩进等方式进行排版，增加文字的可读性；对于标签较多的图表，可以采用整齐排列或环绕图形的方式，使图表看起来整洁美观。同时，要注意留出适当的空白区域，避免图表给人过于拥挤的感觉，提高整体的视觉舒适度。

　　文字说明在信息图表中的重要性体现在多个方面。首先，它能够弥补视觉元素的不足，对于那些无法通过图形和图像直观表达的信息，文字说明可以起到补充作用。其次，文字说明有助于消除歧义，确保观者对图表的理解不会出现偏差。再者，文字说明还能够增强图表的说服力，通过精确的语言描述，使数据更具权威性和可信度。

　　在设计文字说明时，需要注意以下几点（图3-13）。

　　① 简洁性：避免冗长的文字描述，尽量用简洁明了的语言表达。

　　② 相关性：确保文字说明与图表内容紧密相关，避免无关信息的干扰。

　　③ 顺序性：文字说明的排列顺序应与观者的阅读习惯相符，便于理解和记忆。

　　④ 统一性：文字的字体、大小和样式应保持一致，以维护图表的整体美观。

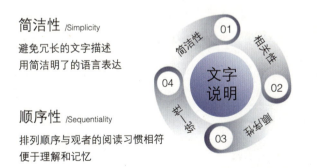

图3-13　设计文字说明的要点

　　总之，文字说明在信息图表中起着桥梁和纽带的作用，它将视觉元素与信息内容紧密相连，使得图表不仅美观而且实用。一个设计得当的文字说明，能够极大地提升信息图表的传播效果，帮助观者快速、准确地获取信息，从而实现图表设计的初衷和价值。

（五）布局与排版

布局与排版是信息图表设计看起来舒适美观的关键，它们决定了图表的整体结构、信息的呈现顺序以及视觉元素的分布，从而影响观者对信息的接收和理解。在信息图表的设计过程中，布局与排版不仅仅是视觉美学的体现，更是信息传递效率的关键所在。

良好的布局与排版能够使信息图表层次分明，逻辑清晰，便于观者迅速捕捉到图表的主题和重点。设计师在布局时需要考虑信息的优先级，将最重要的数据或观点放置在视觉焦点，通过大小、位置、对比等视觉手段强化关键信息，而次要信息则相对弱化，形成有序的信息层次。

在排版方面，设计师需要精心安排图表中的文字、图形、图像等元素的位置和间距，确保它们既相互关联又互不干扰。合理的排版能够使信息图表的阅读路径流畅，减少观者的视觉疲劳，提高阅读效率。例如，标题、图例和注释的排列应遵循从上到下、从左到右的阅读习惯，形成自然的视觉流。无论是信息图表还是其他设计的作品都要遵循正常的阅读习惯，下面这张图表，就遵循了这样的排版习惯，信息的排列顺序是从左至右的，并且字体的排列均采用左对齐的方式，是非常流畅的一个阅读动线（图3-14）。

此外，布局与排版还需考虑图表的整体平衡，包括对称平衡和非对称平衡（图3-15）。对称平衡给人以稳定、正式的感觉，适用于强调权威性和正式性的场合；而非对称平衡则更加灵活多变，能够创造出动态和富有创意的视觉效果，适用于需要突出创新和活力的信息传达。

在色彩运用上，布局与排版也扮演着重要角色。通过色彩的对比和调和，设计师可以增强信息的可读性，同时也能够营造特定的氛围和情感。色彩的选择和应用应当与图表的主题和内容相匹配，避免过

图3-14　动线流畅的图表

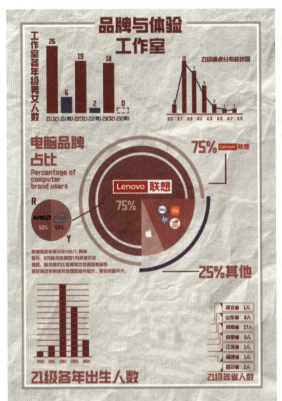

图3-15　对称平衡与非对称平衡的对比

多或过于鲜艳的色彩造成视觉干扰。

　　同时，空白也是布局与排版中不可忽视的要素。适当的留白不仅能够提升图表的呼吸感，还能帮助观者集中注意力，更好地消化和理解信息。空白过多或过少都会影响图表的整体效果，因此设计师需要巧妙地把握留白的度（图3-16）。

　　图表设计中的布局与排版应遵循平衡原则。视觉重量平衡图表中的不同元素具有不同的视觉重量，如大面积的色块、复杂的图形、粗体字等视觉重量较大，而小面积的点、细线、淡色文字等视觉重量较小。布局排版时要确保图表各个部分的视觉重量相对均衡，避免出现一边重一边轻的情况，使整个图表看起来稳定、和谐。例如，在一个左右布局的图表中，如果左边放置了一个较大且颜色鲜艳的图形，那么右边可以适当安排一些文字说明或较小的辅助图形来平衡视觉重量，也可以通过调整元素的大小、颜色、形状、位置等方式来实现视觉重量的平衡。例如，将一个较重的图形元素靠近图表的中心或对称轴，或者在其相对应的位置添加一些较轻的元素作为平衡物。另外，图表中的内容分布也要合理平衡，避免某些区域信息过于密集，而其他区域则过于空旷，例如，在一个多栏布局的图表中，各栏的内容量应大致相当，或者根据重要性和逻辑关系进行有层次的分布，使整个图

图3-16　留白少和留白多的对比

表的信息呈现均匀、有序。

图表设计中的布局与排版应遵循对齐原则。水平对齐能够使图表中的元素在水平方向上形成整齐的排列，给人一种整洁、有序的感觉。在文字与图形的组合中，文字标签应与对应的图形元素水平对齐。对于多个水平排列的元素，如一行中的多个图标或文本框，也应保持水平对齐，使整个图表的布局更加规范。例如，在一个展示不同功能模块的图表中，各个功能模块的图标和名称应水平对齐，以便受众清晰地识别和比较。垂直对齐在图表设计中同样重要，尤其是在多列布局或具有层级结构的图表中。在一个多列的表格图表中，各列的数据应垂直对齐，使数据的比较更加直观。在一个包含标题、副标题、正文和注释的图表中，这些元素在垂直方向上应按照一定的层次和顺序对齐，如标题在上，副标题在标题下方并与之对齐，正文在副标题下方且左右边界对齐，注释在需要的位置与相关元素垂直对齐，这样可以使图表的结构清晰明了，便于阅读。

图表设计中的布局与排版应遵循划分层次原则。根据元素的重要性和功能，将图表中的元素划分为不同的层次。通常，标题是最重要的层次，应突出显示，以吸引受众的注意力并概括图表的主题；副标题和主要数据系列为次重要层次，用于进一步阐述主题和提供核心信息；标签、注释等为辅助层次，帮助受众理解细节和特殊情况。在一个数据可视化图表中，标题一般使用较大的字号和醒目的字体颜色，副标题稍小且颜色略淡，数据标签则采用较小的字号与数据图形紧密相连，注释用更小的字号放置在图表边缘或需要解释的元素附近，通过这种层次分明的设计，使受众能够快速把握图表的重点信息，并在需要时深入了解细节。通过颜色、大小、透明度、位置等视觉手段也可以强化元素的层次关系，引导受众的视线在图表中有序移动。重要的元素可以使用较大的尺寸、较高的颜色饱和度或较突出的位置，而次要元素则采用较小的尺寸、较低的饱和度或较隐蔽的位置。

　　布局与排版在信息图表的设计中起着至关重要的作用，它们不仅关乎图表的美观，更关乎信息的有效传递。一个优秀的布局与排版设计，能够使信息图表在视觉上吸引人，在逻辑上说服人，在功能上服务人，从而实现信息图表设计的最终目的（图3-17）。

图3-17　排版优秀案例

第二节 信息图表的主次信息

（一）信息整理

信息图表的设计目的在于清晰、高效地传达信息，而在这一过程中，对主次信息的整理显得尤为关键。信息整理不仅是对数据和分析结果的有序排列，更是一种对信息价值进行判断和优先级排序的思考过程。通过对主次信息的整理，设计师能够确保观者在最短的时间内抓住核心内容，同时也能对辅助信息有所了解，从而全面而深入地理解信息图表所传达的完整信息。

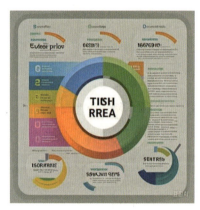

图3-18　主次信息的对比

信息可视化设计的起点是信息本身。无论是来自科学研究的数据、商业运营的报表还是社会现象的调查结果，这些信息是设计的素材。没有准确、全面的信息，可视化设计就成了无源之水。例如，在设计一款金融投资分析的可视化图表时，需要收集股票价格、成交量、市盈率等各种金融数据，如果数据缺失或不准确，将导致最终的可视化结果误导投资者。高质量的信息需要数据具有准确性、完整性和时效性。准确性是基础，错误的数据会使可视化结果完全失去价值。完整性能保证设计呈现的全面性，避免信息片面。而时效性则对于一些动态变化的信息至关重要，如实时的股票行情可视化，过时的数据无法反映当前的市场状态。

信息来源广泛，包括内部数据库、调查问卷、网络爬虫获取的数据、政府部门发布的统计资料等。例如，研究社会就业情况，可以从政府劳动部门的就业统计报告、各大招聘网站的数据以及企业人力资源部门的内部资料等多方面收集信息。对于收集到的信息，需要进行可靠性评估。政府官方发布的数据通常具有较高的可信度，而一些网络论坛上的信息可能需要进一步验证。在收集金融市场数据时，要选择权威的金融数据提供商，以确保数据准确可靠。在信息整理的过程中，首先需要明确的是信息图表的主题和目标，这将直接影响到哪些信息应当被突出显示，哪些信息可以适当弱化（图3-18）。主题的明确有助于设计师筛选和提炼关键数据，将最重要的信息放在最显眼的位置，通过放大、加粗、色彩对比等视觉手段来强化这些主信息，使其成为观者的首要关注点。

接下来，设计师需要对收集到的信息进行分类和归纳，将信息按照逻辑关系和重要性进行排序。这一步骤要求设计师具备良好的分析能力，能够辨别出哪些信息是对主题最有力的支撑，哪些是必要的背景说明，哪些是补充细节。通过这样的整理，信息图表的结构会更加清晰，信息的层次感也会更加分明（图3-19）。

在整理信息时，需要注意以下几点。

① 去除与可视化目标无关的信息：例如在制作学校学生成绩可视化时，如果目标是分析不同学科的成绩分布，那么学生的家庭住址等信息就可以被筛除，只有保留与学科成绩相关的数据，如考试分数、排名等，才能使可视化设计聚焦于核心问题。

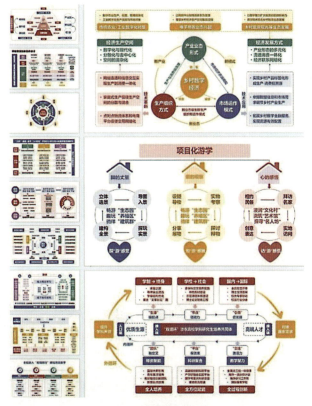

图3-19　信息归纳的练习

② 剔除质量差的数据：在收集产品质量反馈数据时，如果某些反馈内容模糊不清且无法核实，或者缺少关键评价指标，就应该将这些数据排除在外，删除存在明显错误或缺失值过多的数据可以保证可视化结果的准确性。

③ 将信息按重要程度分类：在医疗数据可视化中，对于患者的关键生命体征数据（如心率、血压等）属于重要信息，而患者的饮食偏好等相对属于次重要信息。这样可以在设计中突出重点，合理安排信息的呈现顺序和视觉权重。

在信息图表设计领域，有效传达信息是核心目标。而要实现这一目标，合理确定信息图表的主次信息以及科学的信息整理至关重要。这不仅涉及设计的美观性，更影响着信息传达的准确性和效率，帮助受众快速抓住关键内容并理解信息的内涵。

信息图表设计是为了满足特定的目的，如商业决策支持、科学研究展示、公共信息传播等，主信息必须紧密围绕这个目的。例如，在为一款新上市的电子产品设计销售分析信息图表时，如果目标是评估其市场接受程度，那么产品在不同时间段的销售量、销售额以及市场占有率等数据就是主信息，这些数据直接反映了产品在市场中的表现，是衡量其是否成功的关键指标。将设计目标进一步分解有助于确定更具体的主信息。以城市交通规划信息图表为例，如果目标是优化公共交通系统，那么需要关注的关键指标可能包括不同公交线路的客流量、高峰时段的拥堵点、公共交通的平均通勤时间等，这些指标构成了主信息的核心部分，是后续设计中需要重点突出的内容。

在整理主次信息时，设计师还应当考虑到观者的认知习惯和信息接收能力。主信息应当简明扼要、易于理解，主信息应当是标题、副标题一类的信息。而次信息则可以在主信息的基础上提供更深入的背景和细节，例如一些说明性的文字。这种层次分明的信息整理方式，有助于观者逐步深入地理解信息，避免信息过载导致的认知负担。

此外，信息整理还需要考虑到图表的整体平衡。主信息虽然重要，但过多地强调可能会造成视觉上的压迫感，而次信息虽然相对次要，但却是完整理解信息的必要补充，不可忽视。因此，设计师在整理信息时，需要在主次信息的呈现上找到平衡点，确保图表既突出重点，又不失完整性（图3-20）。

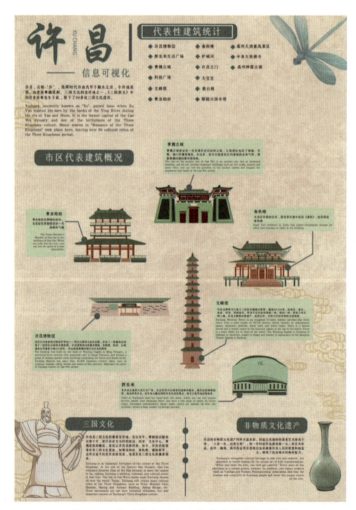

图3-20　优秀信息图表中的信息整理与归纳

信息整理还应考虑到图表的可读性和美观性。通过合理的布局和排版，设计师可以使主次信息在视觉上形成和谐的对比，既突出了重点，又保持了图表的整体美观。同时，适当的视觉引导，如箭头、线条等，可以帮助观者按照设计好的路径进行阅读，从而更加有效地传递信息。信息图表中主次信息的整理是一个系统性的过程，它要求设计师具备敏锐的信息洞察力和良好的视觉设计能力，通过有序的整理和巧妙的视觉呈现，使信息图表在传递信息的同时，也能提供愉悦的视觉体验。

信息整理在信息可视化设计中起着至关重要的作用。从信息的收集、筛选、分类到整合，每一个环节都影响着最终信息图表中主次信息的呈现和可视化设计的效果。在不同领域的应用中，信息整理需要根据具体的目标和数据特点进行优化。同时，面对数据量过大、异构性和动态变化等挑战，需要采用合适的策略来确保信息整理的质量，从而使信息可视化设计能够更好地传达信息，帮助受众快速、准确地理解复杂的信息内容，为商业决策、科学研究、社会发展等提供有力的支持。通过不断改进信息整理的方法和技术，信息可视化设计将在未来发挥更大的价值。

（二）内容表达

信息图表的设计在于通过视觉元素有效地表达信息，而在这一过程中，如何处理主次信息的内容表达至关重要。内容表达不仅仅是将数据和信息图形化，更是一种艺术，它涉及信息的筛选、强调、对比和语境构建，以确保观者能够迅速把握重点，同时又不失对细节的了解。

此外，内容表达还需要考虑语境的构建。信息图表不是孤立的数据展示，它需要在一个具体的社会、文化或专业语境中进行解释。设计师应当通过文字说明、图例、注释等方式，为图表构建一个易于理解的语境，使得主次信息不仅在视觉上得到表达，也在意义上得到充分的阐释。信息图表中主次内容表达的艺术在于如何通过视觉设计手段，使得信息的传递既高效又有层次，既突出重点又兼顾细节，既符合逻辑又富有吸引力。设计师在这一过程中扮演着信息解码者和视觉传达者的角色，通过精心的内容表达，使得信息图表成为沟通的桥梁，帮助观者在信息的海洋中找到方向。

在表达主次信息时，设计师需要考虑信息的逻辑关系和层次结构。主信息往往是对次信息的概括和提炼，而次信息则是主信息的详细展开。这种层次性要求设计师在内容表达上采用递进或分级的策略，通过大小、位置、颜色深浅等视觉手段来体现信息的层级。

1. 主信息

设计师可以根据信息可视化设计的目标来确定主信息。如果设计目的是展示一个城市的人口增长趋势，那么人口数量随时间变化的数据就是主信息。比如为城市规划部门设计的人口信息图表，重点是呈现人口规模的动态变化，为规划决策（如住房建设、公共设施配置）提供依据。

主信息通常需要简洁明了，易于受众快速识别。在设计交通流量信息图表时，如果目的是显示城市主干道的拥堵情况，那么主干道上的车流量数据和拥堵程度（如用颜色表示畅通、缓行、拥堵）就是简洁呈现的主信息，而不需要过多复杂的辅助信息在第一时间干扰受众的理解。

主信息应该有相对独立的价值，能够在不依赖过多其他信息的情况下传达重要内容。例如在医学研究中，一种新药物的治愈率数据就是具有独立性的主信息，它能直观地表明药物的有效性，即使不了解药物研发的详细过程，受众也能理解这一关键内容。

图3-21　优秀信息图表的主信息内容表达

在内容表达上，主信息通常是图表的核心，它承载了图表想要传达的最重要观点或数据。因此，主信息的内容表达需要直观、明确，往往通过图表的最大图形、最鲜明的颜色或最突出的位置来展现。设计师在这里需要运用视觉元素的强度和对比，使得主信息一目了然，即使观者在快速浏览时也能迅速捕捉（图3-21）。

2. 次信息

相对于主信息，次信息则起到补充和解释的作用，它可能包括背景数据、辅助说明或是一些细节信息。次信息的内容表达应遵循辅助性和协调性的原则，它们不应该抢夺主信息的视觉焦点，但同时也需要足够清晰，以便观者在关注主信息之后，能够进一步探索和理解。

添加次信息可以为信息图表增加更多的维度和细节。例如在设计学校学生综合素质评价信息图表时，主信息可以是学生的综合评分，次信息则可以包括学生在各个学科的成绩分布、参加课外活动的情况、品德表现等。这样可以从多个角度展现学生的综合素质，使信息图表更加丰富和立体，而不是单一维度的简单呈现。

次信息可以为受众理解主信息创造背景条件。例如在展示企业年度利润增长的信息图表中，主信息是利润的数值和增长趋势。次信息可以包括宏观经济环境数据，如行业平均增长率、通货膨胀率等。这些数据能帮助受众理解企业利润增长是在怎样的外部环境下实现的，是高于还是低于市场平均水平。

次信息还可以拓展主信息的关联范围。例如在展示公司组织架构的信息图表中，主信息是各部门之间的层级关系和职能划分。次信息可以包括部门之间的协作项目、信息流动方向等。这些内容可以进一步揭示组织内部的运作机制，使受众对公司的组织架构有更全面的理解，不仅仅局限于部门的基本设置。

在表达图示内容时，设计师还应当注意信息的准确性和完整性。主信息虽然重要，但不应牺牲次信息的准确性来强调它。同时，次信息也不应因为其辅助性质而被忽略，它们对于完整理解图表内容同样重要。因此，设计师需要在保证信息准确性的同时，巧妙地平衡主次信息的内容表达。最后，内容表达还应当考虑到观者的需求和预期。不同的观者群体可能对信息的关注点不同，设计师需要根据目标受众的特点，调整主次信息的表达方式，使之更加贴合观者的认知习惯和信息需求。

信息可视化设计中信息图表的主次信息内容表达是一个综合性的过程，涉及信息的收集、筛选、分类、整合以及设计原则和技巧等多个方面。在不同领域的应用中，需要根据具体的目标和受众特点来优化信息图表的内容表达设计。同时，要应对数据复杂性和受众理解差异等挑战，不断改进信息可视化的方法和技术，以提高信息传达的效率和质量，使信息图表成为人们理解复杂信息、进行决策和知识传播的有力工具。

（三）视觉流程

视觉流程是指在视觉设计中，受众的视线在画面上移动的路径。在信息可视化设计中，它就像是一张无形的地图，引导着观众如何浏览和理解信息。信息图表的视觉流程是引导观者视线按照特定顺序浏览图表元素的过程，它对于主次信息的传达至关重要。一个清晰合理的视觉流程能够确保观者首先注意到最重要的信息，然后依次接收次要信息，从而提高信息的接收效率和图表的整体可读性。这种流程不是随意的，而是设计师通过对元素的布局、色彩、形状等设计手段有计划地创造出来的。例如，在一幅展示城市交通流量的信息可视化图中，设计师可能会通过道路线条的粗细和颜色变化，引导观众的视线从主要干道逐渐关注到支路的交通情况。

视觉流程能够像聚光灯一样，将观众的注意力吸引到重要的信息区域。在一个新闻信息可视化中，对于重点新闻事件，可以通过独特的视觉呈现和引导流程，使观众先关注到这些关键内容，而不是被其他次要信息分散注意力。当视觉流程设计合理时，观众可以快速、准确地找到关键信息。比如在一个产品销售数据的可视化图表中，如果视觉流程清晰，销售团队可以迅速看到哪些产品是畅销款，哪些是滞销款，而不需要在复杂的数据中自行摸索。这就如同在一个整理有序的图书馆中找书，相比杂乱无章的环境，效率会大大提高。

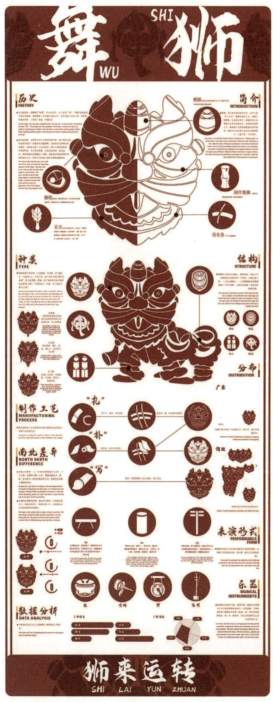

图3-22 视觉流程从上至下的信息图表

通过有序的视觉流程，观众不仅能获取信息，还能更好地理解信息之间的关系。例如在一个展示生态系统中生物链的可视化设计中，从生产者到各级消费者的视觉流程，可以让观众深刻理解能量在生态系统中的传递过程，而不是孤立地看待每个生物种类的数据。

在设计信息图表时，视觉流程的构建应当遵循人类视觉习惯和心理预期。通常，西方阅读习惯下，观者的视线会从左上角开始，按照从左至右、从上至下的顺序移动；而在某些文化中，则可能存在从上至下、从右至左的阅读顺序。设计师需要根据目标受众的阅读习惯来规划视觉流程，确保主信息位于视觉路径的起始点，以此抓住观者的注意力（图3-22）。

视觉流程是一种视觉上的引导机制，它决定了受众在观看信息图表时视线的移动路径，就像阅读文章有一定的顺序一样，信息图表通过设计视觉流程来引导受众按照设计者期望的顺序浏览信息。合理的视觉流程能够使受众首先关注到主要信息，然后自然地过渡到次要信息，从而高效地理解整个图表内容。

视觉流程可以强化信息的层次结构。它可以将信息图表中的元素按照重要性进行排序，使主要信息和次要信息在视觉上形成清晰的层级关系。这种层级关系有助于受众快速区分不同信息的重要程度。比如，利用色彩的对比度，将主要信息用鲜明的色彩表示，次要信息用相对柔和的色彩表示，同时通过视觉流程让受众先接触到鲜明色彩的主要信息，再看到次要信息，这样能增强信息的层次感。还可以通过大小的对比，将主信息以更大的字体或图形呈现，次信息则相对缩小，从而在视觉上形成层次感，引导观者首先关注主信息。较大的图形通常会首先吸引观众的视线，成为视觉流程的起点。在一个展示不同国家人口数量的可视化图中，人口大国可以用较大的圆形表示，小国用较小的圆形表示，观众首先会关注到那些大圆形所代表的国家信息。独特的图形形状也能引导视线，比如在展示不同类型交通工具的能耗数据时，用交通工具的轮廓形状作为数据的载体，观众会更容易被熟悉的形状吸引，进而沿着这些形状去了解能耗信息。当视觉流程与信息的主次关系相匹配时，受众能够更迅速、准确地理解信息。如果视觉流程混乱，受众可能会错过主要信息或者在理解次要信息时花费过多时间，从而影响对整个信息图表的解读。良好的视觉流程可以避免受众在信息海洋中迷失方向，使他们能够沿着设计者规划的路径轻松获取信息，提高信息理解的效率（图3-23）。

此外，空间布局和排列顺序也是影响视觉流程的关键因素。设计师会通过留白、间距和排列的紧密程度来控制信息的视觉权重。主信息周围通常会有更多的留白，以减少视觉干扰，而次信息则可以更加紧凑地排列，形成一个自然的视觉流向，引导观者从主信息过渡到次信息。

在设计视觉流程时，要避免元素之间的突兀变化或干扰因素导致视线中断。例如，不要在主要信息和次要信息之间放置无关的图形或色彩块，以免受众的视线偏离预定的流程。如果使用线条来引导视觉流程，线条要保持清晰、连续，不能被其他元素遮挡或截断。

信息图表的整体设计要协调统一，视觉流程要与整个图表的风格和布局相匹配。无论是图形、色彩还是文字的排版，都要考虑到它们在视觉流程中的作用。例如，如果图表是简约风格，视觉流程就应该简洁明了，避免过多复杂的元素和路径，如果是富有创意的风格，可以在保持清晰视觉流程的基础上适当增加一些独特的设计元素来增强趣味性。

在视觉流程的设计中，图示和符号的运用

图3-23　指引性强的视觉流程

同样重要。图示和符号可以直观地表达数据关系，通过箭头、线条等视觉元素，设计师可以创建明确的视觉路径，指示观者按照设计的顺序来解读信息。这种视觉引导不仅有助于信息的传递，还能增强图表的逻辑性和说服力（图3-24）。箭头符号是最典型的用于引导视觉流程的符号，它可以明确地指示信息的方向。例如在一个流程图中，箭头可以清晰地展示步骤之间的先后顺序和逻辑关系。此外，一些具有特定文化含义的符号，如警示符号（感叹号等）可以突出重要信息，引起观众的注意并改变视觉流程。

图3-24　运用不同符号来表示一个事物的流程

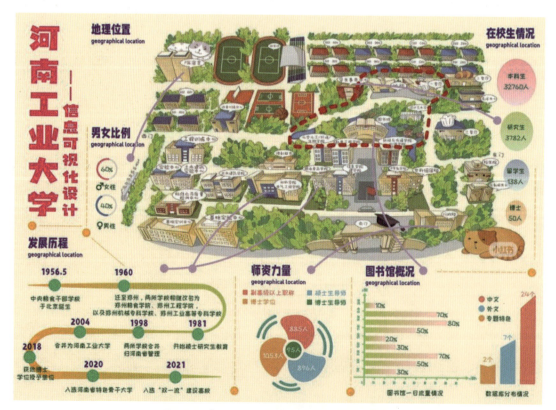

图3-25　有强烈视觉流程引导的优秀信息图表

值得注意的是，视觉流程的设计不应过于复杂，以免造成观者的困惑。流程应当简洁明了，避免不必要的视觉跳跃，确保观者能够顺畅地从一个信息点移动到下一个信息点。同时，视觉流程的终点应当是一个自然的结束点，比如图表的总结或结论，这样可以为观者提供一个清晰的结束信号，增强信息的记忆点（图3-25）。

视觉流程在信息可视化设计中是一个至关重要的元素。它通过对观众视线的引导，使信息能够更高效、准确地传达和被理解。从基本类型到影响因素，再到不同领域的应用以及优化创新，视觉流程的设计需要综合考虑多方面的因素。随着技术的发展和用户需求的变化，设计师需要不断探索和改进视觉流程的设计方法，以更好地服务于信息可视化这一重要的信息传播手段，让复杂的信息在精心设计的视觉流程中变得清晰易懂，为各个领域的信息处理和决策提供有力支持。

第三节　信息可视化设计的媒介形式

（一）纸质媒介

纸质媒介作为传统的传播方式，在信息可视化设计中占据着独特的地位。纸质媒介的触感、质感和视觉体验，以及它的便携性和广泛的可接受性，使得它在现代数字时代依然保持着不可替代的作用。纸质媒介具有权威性强、可信度高的优势，同时其受众覆盖面广，文字优势也很强。因此，将信息可视化设计与纸质媒介相结合，可以充分发挥两者的优势，提升信息的传播效果。纸质媒介作为传统的信息传播与交流方式，是以纸质材料为载体、以印刷（包括手写）为记录手段而产生的一种信息媒体。

纸质媒介在信息可视化设计中的运用，首先体现在其独特的物理特性上。纸张的质感可以增强信息的真实感和可信度，与数字媒介相比，纸质媒介的触感和气味能够提供更为丰富的感官体验，这种体验往往能够加深观者对信息的印象。此外，纸张的折叠、剪裁和装订等工艺，为信息可视化设计提供了更多的创意空间，使得图表和图形能够以立体或互动的形式呈现，增加了信息传达的趣味性和互动性。

在视觉设计方面，纸质媒介的色彩还原度和印刷质量通常较高，这为设计师提供了广阔的创意施展空间。通过精心的排版、色彩搭配和图像处理，设计师可以在纸张上创造出极具视觉冲击力的信息图表，有效地吸引观者的注意力。同时，纸质媒介的稳定性也保证

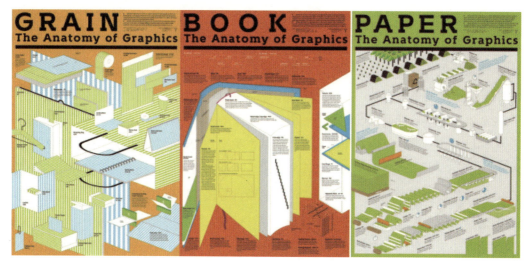

图3-26　信息可视化海报

图3-27　报纸杂志中的信息可视化

了信息展示的一致性，不会因为屏幕亮度和分辨率的不同而影响观感（图3-26）。

　　纸质媒介的另一个优势在于其便于携带和传播。书籍、报告、海报等纸质形式的信息图表可以轻松地被携带到不同的场合，供人们在不同的时间和地点阅读（图3-27）。这种灵活性使得纸质媒介在教育和学术领域尤其受欢迎，因为它更适合深度阅读和长期保存，可以提升信息的传播效果和读者的阅读体验。未来，随着技术的不断进步和人们需求的不断变化，纸质媒介在信息可视化设计中的运用将会更加广泛和深入。

　　然而，纸质媒介也有其局限性。它的静态特性意味着信息一旦印刷就无法更改，这与数字媒介的可更新性形成了鲜明对比。此外，纸质媒介的版面有限，需要在有限的空间内呈现尽可能多的信息。另外纸质媒介的受众群体可能更倾向于传统的阅读方式，对新兴的信息可视化设计形式可能存在一定的接受障碍。最后纸质媒介的生产和分发成本较高，且对环境资源的消耗较大，这也是其在现代社会面临挑战的原因之一。

尽管如此，纸质媒介在信息可视化设计中的价值依然不容忽视。它不仅能够提供一种独特的阅读体验，还能够作为一种艺术形式，将信息以更加精致和永恒的方式呈现。同时，也需要关注纸质媒介在信息可视化设计中面临的挑战和未来趋势，以便更好地应对市场变化和读者需求的变化。随着技术的发展，纸质媒介可能会与数字媒介进行更紧密的融合，形成跨媒体传播的新模式，更加注重读者的参与度和互动性，通过设计更加创新的互动元素来提升读者的阅读体验。

在数字化时代，纸质媒介与电子媒介的融合已成为一种趋势。通过二维码、AR技术等手段，纸质媒介可以链接到数字内容，实现跨媒介的信息传递和互动体验（图3-28）。这种融合不仅丰富了纸质媒介的视觉表现形式，也为视觉设计师提供了更多创新的可能性。在电子媒介日益普及的今天，纸质媒介与电子媒介的结合使用，可以为信息可视化设计带来更多的可能性和创新。设计师可以通过这种跨媒介的融合，充分发挥每种媒介的优势，创造出更加丰富和多元的信息可视化作品。

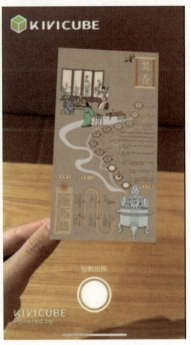

图3-28　与AR技术相结合的纸媒信息可视化作品

（二）电子媒介

电子媒介，作为现代传播活动中存储与传递信息时使用的电子技术信息载体，具有信息容量大、传输速度快、传输质量高等显著优势。从电报、电话到广播、电影、手机通信、网络，电子媒介的发展不仅突破了空间距离和速度的限制，更在文化传承、信息传播等方面带来了革命性的变化。电子媒介为信息的可视化提供了无限可能。通过先进的显示技术和交互技术，电子媒介能够呈现出生动、直观、富有吸引力的视觉效果。同时，电子媒介还支持多媒体信息的整合，使得文字、图像、音频、视频等多种信息形式能够无缝融合，为用户带来更加丰富多样的信息体验。电子媒介作为交互式信息图表的重要载体，其特有的交互性、即时性和可更新性为现代信息传播提供了无限可能。随着技术的不断进步，电子媒介的形式也越来越多样化，从电脑屏幕到移动设备，从网页到应用程序，它们都在以各自的方式改变着信息的呈现和接收方式。

电子媒介的信息可视化设计不受物理空间的限制，设计师可以充分利用屏幕的广阔空间，展示复杂的数据和详尽的信息。同时，电子媒介的动态特性使得信息图表可以以动画、交互式图表和视频的形式呈现，这种多维度的展示方式不仅能够提升信息的吸引力，还能够增强信息的解释力和说服力。电子媒介的信息可视化设计拥有传统媒介难以比拟的优势，其中最为显著的一点便是其不受物理空间的限制。设计师可以摆脱纸张、印刷品等物理媒介的尺寸和版面束缚，充分利用屏幕的广阔空间，无论是水平还是垂直方向，都能自如地展示复杂的数据和详尽的信息。这意味着，即便面对海量的数据或复杂的内容结构，设计师也能通过电子媒介的信息可视化设计，将其条理清晰地呈现出来，确保用户能够轻松获取所需信息。

同时，电子媒介的动态特性进一步丰富了信息图表的表现形式。传统静态图表虽然能够直观地展示数据，但在解释数据间的关系和趋势时往往力不从心。而电子媒介则允许信息图表以动画、交互式图表和视频等生动、多维度的形式呈现。动画可以模拟数据的变化过程，使用户能够直观地看到数据随时间的演变；交互式图表则赋予用户更多的控制权，他们可以根据自己的兴趣和需求，自由探索数据，挖掘隐藏的信息；视频则可以通过声音、图像和文字的完美结合，讲述一个完整的故事，使用户在沉浸式的体验中理解数据。这种多维度的展示方式不仅极大地提升了信息的吸引力，使用户更加愿意主动接触和了解信息，还能够显著增强信息的解释力和说服力。通过动画、交互式图表和视频等形式的运用，设计师能够更加深入地揭示数据和信息之间的内在联系和规律，帮助用户更加准确地理解所展示的内容，从而做出明智的决策。

在交互性方面，电子媒介的优势尤为显著。用户可以通过点击、滑动、缩放等操作与信息图表进行互动，这种参与感极大地提升了用户的体验。交互式设计使得用户能够根据自己的需求和兴趣，探索和挖掘信息背后的细节，从而实现个性化信息的获取。

交互式信息图表是信息可视化设计中的一种高级形式，它将静态图表的直观性与电子媒介的交互性相结合，创造出一种能够让用户参与探索和分析数据的新型媒介（图3-29）。在这种媒介中，用户不再是被动的信息接收者，而是可以通过直接操作图表来深入理解数据，发现信息之间的关联，甚至影响信息的呈现方式。

交互式图表的设计原则在于提供用户操控感，使信息展示更加动态和生动。通过丰富的交互动作，图表不再是冷冰冰的数据堆砌，而是成为用户探索数据的得力工具。常见的图表交互方式包括悬浮、点击、框选、平移等，这些操作使得用户能够便捷地查看更多数据信息、快速定位感兴趣的内容、对数据进行排序、突出或降维处理等。

例如在图表中的某些元素（如文本、图标等）上添加超链接，当用户点击这些元素时，可以跳转到相关的网页、文档或数据集中。通过编程实现图表元素的动态响应，如悬停时显示提示信息、点击时展开详细数据、拖拽时改变视图等。允许用户通过选择特定的条件或标签来过滤和筛选图表中的数据，以便更专注地查看和分析特定信息。它通过建立图表元素之间以及图表与用户之间的动态连接，极大地丰富了信息传达的方式，并提升了用户体验。这样，呈现在画面上的信息简洁有序，不仅易于用户查找，节省用户时间，也提升了画面的秩序感和视觉格调。

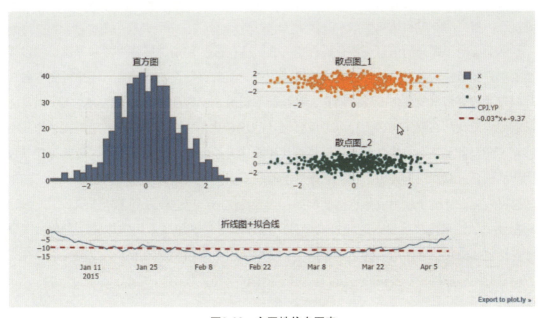

图3-29　交互性信息图表

即时性是电子媒介的另一大特点。信息图表可以在数据更新后立即进行修改，确保用户获取到最新、最准确的信息。此外，电子媒介的信息可视化设计还具有可分享性。用户可以轻松地将图表或数据通过社交媒体、电子邮件等方式分享给他人，这种便捷的分享机制大大加速了信息的传播速度，扩大了信息的影响力（图3-30）。

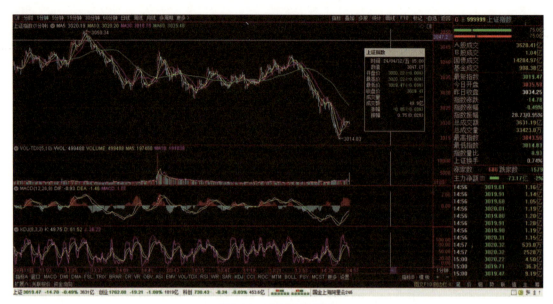

图3-30　即时性的体现

在多媒体融合方面，电子媒介的信息可视化设计可以结合文本、图像、音频和视频等多种元素，创造出丰富的视听体验。这种多媒体融合不仅能够提升信息的表达力，还能够满足不同用户的学习和认知需求。

然而，电子媒介的信息可视化设计也存在一些挑战。例如，屏幕尺寸和分辨率的多样性要求设计师必须考虑到设计的兼容性和适应性。随着移动设备的普及，用户可能在各种屏幕尺寸和分辨率的设备上查看信息，从智能手机的小屏幕到高清大屏电视，不一而足。这就要求设计师在创作时必须充分考虑到设计的兼容性和适应性，确保信息可视化作品能够在不同设备上都能保持良好的视觉效果和用户体验。此外，过度依赖电子设备可能导致用户的信息过载和视觉疲劳，在信息爆炸的时代，用户每天需要处理的信息量巨大，如果信息可视化设计过于烦琐或信息密度过高，很容易使用户感到疲惫和无所适从。因此设计师需要更加注重用户体验，避免过度设计。设计师需要更加注重用户体验，避免过度设计。这包括简化信息结构、优化色彩搭配、合理使用动画和交互元素等，以确保用户在查看信息时能够保持轻松愉悦的心情，并有效吸收和理解信息。

第四章
信息图表的制作方法

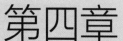

▶ 第四章配套课件 ◀

导读

　　信息图表如何高效传递复杂信息？如何从数据中提炼出清晰的故事？本章将系统解析信息图表的设计全流程，助你掌握从目标定位到最终呈现的核心方法。本章从确定目标和受众出发，强调设计方向与用户洞察的重要性；详解数据准备与处理的技巧，确保信息准确性与深度；探讨图表类型选择的逻辑，匹配媒介与用户需求；剖析视觉元素与布局设计的美学与功能性平衡；并通过优化与工具应用，实现专业级可视化效果。学习本章后，你将能够构建科学的设计思维体系，提升信息传达的精准度与感染力，为商业、教育、科研等领域创造高价值视觉作品。

知识目标

1. 掌握设计目标的制定方法，包括需求分析、受众画像构建与战略对齐。
2. 熟悉数据收集、清洗、分类与结构化分析的标准化流程及工具应用。
3. 精通静态图表与动态交互图表的适用场景及跨文化视觉设计原则。
4. 了解主流设计工具的功能特性与适配领域。

能力目标

1. 能独立完成从需求调研到原型测试的全流程设计任务。
2. 具备将复杂数据转化为直观图表并设计动态交互功能的能力。
3. 熟练应用Visio、XMind等工具进行跨平台协作与技术适配。
4. 能够通过用户反馈迭代优化设计，平衡美学创意与功能实用性。

第一节 确定目标和受众

（一）确定设计目标

在设计信息图表时，确定设计目标是整个创作过程的第一步，也是最为关键的一步。设计目标不仅为后续的设计工作提供方向，而且确保了最终成品能够满足预期的信息传达效果。明确的设计目标有助于聚焦于核心信息，提高设计的针对性和效率。

目标是指设计师期望通过该信息图表达成的特定结果或目的。它涵盖了信息传达的核心意图、希望引发的受众行为或认知改变，以及在特定传播情境下所追求的传播效果。目标能够提供设计方向。明确的目标如同灯塔，为整个信息图表设计过程指引方向。设计师在确定目标后，能够有针对性地选择数据、设计视觉元素、安排布局结构等。如果没有目标，设计过程将变得盲目，容易导致信息图表内容杂乱无章、重点不突出，无法有效地传达核心信息。目标是评估信息图表设计是否成功的关键标准。通过对比设计完成后的信息图表实际产生的效果与预先设定的目标，可以判断设计是否达到预期。例如，如果目标是提高特定产品的知名度，那么可以通过分析信息图表发布后该产品的搜索量、关注度等指标来衡量设计的有效性。目标能够优化资源分配，有助于合理分配设计资源，包括时间、人力和技术资源等。设计师可以根据目标的优先级和需求，确定在数据收集与整理、视觉设计、交互设计等方面投入的精力和资源比例。避免在无关紧要的元素或功能上浪费过多资源，提高设计效率。

确定设计的目标作为信息图表设计的关键一步，具有一定的方法和步骤。

① 确定设计目标：该步骤首先需要深入理解信息图表的目的。这包括识别出希望通过图表传达的关键信息、观点或数据，以及这些信息对目标受众的价值。例如，如果目的是教育公众，设计目标可能侧重于清晰解释复杂概念；如果目的是商业报告，则可能更注重数据分析和趋势展示。与信息图表的委托方进行深入交流是理解目的的重要起点。无论是企业客户、学术机构还是非营利组织，他们委托制作信息图表都有其特定的需求和期望。通过面对面访谈、电话会议或详细的需求文档收集，了解委托方的背景、业务目标，以及他们希望通过信息图表达成的具体成果。其次是深入探究信息图表所依据的数据本身，广泛收集与主题相关的各类数据，包括定量数据（如数值、统计量等）和定性数据（如文本描述、案例分析等）。对收集到的数据进行系统的整理和分类，分析数据之间的内在联系、趋势变化以及异常值等。尝试从不同角度解读数据，寻找数据中的亮点、矛盾

点或意外发现。例如，在分析某公司销售数据时，发现某个地区的销售额在特定时间段内出现了异常增长，进一步调查发现是由于当地开展了一场成功的营销活动。这个故事就可以成为信息图表的核心内容之一，其目的可能是展示营销活动对销售业绩的显著提升效果，为公司内部总结经验或对外宣传提供有力依据。通过挖掘数据背后的故事，可以赋予信息图表更深层次的意义和价值，使其不仅仅是数据的简单呈现，而是能够引发受众情感共鸣和思考的信息传播工具。此外，研究同类型或相似主题的信息图表作品，分析它们的设计目的、目标受众定位、视觉表现手法、信息传达策略等方面的特点，也可以发现市场上已有的信息图表在满足特定需求方面的优势与不足，从而为自己的设计找到独特的切入点和创新方向。例如，在设计一款旅游目的地信息图表时，查看其他旅游机构或网站发布的同类信息图表，观察它们是侧重于景点介绍、美食推荐、交通指南还是旅游线路规划等不同方面，以及如何通过视觉元素和交互设计来吸引受众。如果发现大多数同类信息图表在交通指南方面的呈现较为简略且不够直观，那么自己设计的信息图表就可以将改善交通信息的可视化作为一个重要目的，以满足游客在出行规划方面的需求。同时还需要拓宽视野，研究不同领域但在信息可视化或信息传达方面具有借鉴意义的案例。例如，电影海报设计在吸引观众注意力、传达影片核心信息和情感氛围方面具有很高的水准；博物馆展览布局则擅长通过空间规划、展品陈列和互动体验来讲述历史故事或展示文化内涵。设计师可以从这些跨领域案例中汲取灵感，思考如何将其成功的经验和手法应用到信息图表设计中，以更好地实现信息图表的目的。比如，借鉴电影海报的色彩运用和视觉冲击力营造手法，使信息图表在众多信息载体中脱颖而出；参考博物馆展览的叙事逻辑，构建信息图表的信息层级和故事线，引导受众逐步深入了解主题内容，从而提升信息图表的传播效果和受众体验。

② 考虑目标受众的特性：了解受众的知识背景、兴趣点、阅读习惯等因素，有助于设计师选择合适的表现形式和视觉元素，使信息图表更加贴近受众的需求。例如，针对专业人士的图表可能包含更多技术细节，而面向普通公众的图表则需简化专业术语，使用更直观的视觉元素。首先需要进行受众调研，设计涵盖受众基本信息、信息需求、信息获取习惯、对特定主题的认知程度等方面的问卷，通过线上线下相结合以问卷调查的方式发放给目标受众群体。例如，在设计一款健身类信息图表前，可以针对健身爱好者发放问卷（图4-1），询问他们最关注的健身指标（如体脂率、肌肉量等）、喜欢的健身信息呈现方式（如数据对比图表、健身动作示范图等）以及他们经常获取健身信息的渠道（如健身App、社交媒体健身群组等）。通过对问卷结果的分析，可以深入了解受众的需求和偏好，为信息图表设计提供依据。选取具有代表性的受众个体进行深度访谈，深入挖掘他们对信息图表主题的看法、期望以及在信息接收过程中的痛点和难点。例如，在设计企业内

部员工培训信息图表时，与不同部门、不同层级的员工进行一对一的深度访谈，了解他们在工作中遇到的知识技能短板、对培训内容的理解困难以及他们希望通过信息图表获取的培训重点信息。深度访谈能够获取更加丰富、深入的受众信息，有助于设计师把握受众的心理和需求细节。组织由多类型受众组成的焦点小组，围绕信息图表设计主题展开讨论。在讨论过程中，观察不同受众成员之间的互动和观点碰撞，了解他们对信息图表的共同需求和差异化需求。在设计旅游目的地信息图表时，召集不同年龄、性别、旅游偏好（如文化旅游、休闲度假旅游、探险旅游等）的游客组成焦点小组，讨论他们在选择旅游目的地时关注的信息因素（如景点特色、美食推荐、住宿条件、交通便利性等）以及他们认为最吸引人的信息呈现方式。焦点小组讨论可以激发创意，发现一些在个体调研中可能被忽视的受众需求和想法。其次需要分析受众特征数据，收集和分析受众的人口统计学数据，如年龄分布、性别比例、地域分布、教育程度分布等。这些数据可以帮助设计师初步判断受众的基本特征和需求倾向。例如，如果目标受众主要是年龄在20～30岁之间、高学历、分布在一线城市的年轻群体，那么在设计信息图表时可以考虑采用时尚、科技感强的视觉风格，选择与他们生活和职业发展密切相关的信息内容，并使用较为现代、流行的语言表达方式。获取受众的行为数据，包括他们在互联网上的浏览行为（如经常访问的网站类型、搜索关键词等）、社交媒体行为（如关注的账号类型、参与的话题讨论等）、消费行为（如购买的产品或服务类型、消费频率等）等。通过分析这些行为数据，可以进一步了解受众的兴趣爱好、需求痛点以及信息接受习惯。如果发现目标受众经常在社交媒体上关注科技数码类账号并参与相关话题讨论，那么在设计科技产品信息图表时可以借鉴社交媒体上流行的信息传播形式和语言风格，突出产品的科技亮点和用户体验优势，以更好地吸引受众的关注和兴趣。部分情况下，还可以尝试获取受众的心理特征数据，如价值观、态度、个性特点等。这些数据对于设计具有针对性的信息图表也具有重要价值。例如，针对具有环保意识和社会责任感的受众设计公益活动信息图表时，可以在图表中突出活动的社会价值和环保意义，采用能够激发受众情感共鸣的视觉元素和文案，以提高他们对公益活动的参与意愿。此外在完成受众调研和特征数据分析后，需要构建受众画像。受众画像可以以一种可视化的方式呈现目标受众的典型特征，包括人物形象、基本信息、需求痛点、兴趣爱好、信息接受习惯等方面。为一款母婴产品设计信息图表时，受众画像可能是一位25～35岁的新手妈妈，居住在城市，拥有本科及以上学历，关注宝宝的健康成长、营养摄入和早期教育，经常在母婴类网站和社交媒体群组获取信息，喜欢温馨、可爱、直观的视觉风格，对专业的育儿知识和产品评测信息有较高需求。通过构建受众画像，设计师可以在设计过程中时刻将受众形象牢记心中，确保信息图表的设计能够精准地满足受众需求。

③ 与项目的整体战略相一致：信息图表不仅是单一的信息展示工具，它还应该是品

健身人士调查问卷

亲爱的健身达人：
　　你好！为了更好地了解健身群体的日常状况与喜好，特制定这份问卷，你的回答将助力健身行业及相关服务的优化。问卷信息仅作统计用途，不会泄露个人隐私，请放心填写。非常感谢你的支持！

1.你的性别是？
A. 男　B. 女

2.你每周健身的频率是？
A. 1~2 次
B. 3~4 次
C. 5~6 次
D. 7 次及以上

3.每次健身，你一般会花费多长时间？
A. 30 分钟以内
B. 30~60 分钟
C. 60~90 分钟
D. 90 分钟以上

4.你是否清楚自己的体脂率？
A. 是，我的体脂率约为_____%（请填写具体数值）
B. 否，没测量过

5.关于肌肉量，你属于以下哪种情况？
A. 测量过，肌肉量数值很理想
B. 测量过，还想进一步增加肌肉量
C. 没测量过，但自我感觉肌肉较为发达
D. 没测量过，不清楚肌肉量状况

7.在力量训练里，哪个部位是你着重锻炼的？（可多选）
A. 胸部　　B. 背部
C. 肩部　　D. 手臂
E. 腹部　　F. 腿部
G. 臀部

8.你健身的主要目的是？（可多选）
A. 减脂塑形，拥有好身材
B. 增加肌肉维度与力量
C. 提升身体素质、增强免疫力
D. 缓解日常工作生活压力
E. 为参加体育赛事做准备

9.健身期间，你会额外补充营养补剂吗？
A. 会，常用的有_____（请注明）
B. 不会，靠日常饮食摄取营养

10.对于健身，你最期望获取哪方面的专业指导或资讯？（可多选）
A. 个性化健身计划定制
B. 科学饮食搭配方案
C. 运动损伤预防与康复
D. 不同健身阶段训练技巧
E. 健身器材正确使用方法

再次感谢你抽出宝贵时间填写问卷，祝你健身之路顺遂，成果满满！

图4-1　健身爱好者调查问卷

牌传播、市场营销或教育计划等更大框架的一部分。因此，设计目标应支持项目的总体目标，强化品牌形象，或促进特定的行动计划。

在确定设计目标时，还需考虑实际的应用场景和限制条件。这包括图表的展示媒介（如网页、印刷品或移动设备）、预算限制、时间框架等。这些因素都可能影响设计决策，如图表的尺寸、交互性以及技术实现方式。设计师要确定信息图表将在何种具体场景下被使用，如在商务会议中的演示文稿里、在网站的专题报道页面上、在移动应用的资讯推送中等。不同的使用场景对信息图表的要求不同，例如，用于演示文稿的信息图表可能需要在大屏幕上有良好的视觉效果，且文字简洁明了以便于演讲者讲解；而用于移动应用的信息图表则需要考虑小屏幕显示适配和快速加载等问题。分析传播信息图表的渠道特点和限制。如果是通过社交媒体平台传播，可能需要遵循平台对图片尺寸、格式、文件大小的规定，同时还要考虑平台用户的浏览习惯和信息传播规律。例如，在微博上传播的信息图表要能够在用户快速滑动屏幕时迅速吸引其注意力，因此标题和关键信息要突出且富有吸引力；而在学术期刊网站上发表的信息图表则需要符合学术规范，注重数据的准确性和来源标注。

最后，设计目标的设定还应当具有可衡量性。这意味着目标应该是具体而明确的，以便在图表完成后，可以通过受众反馈、数据跟踪或其他评估手段来衡量设计是否达到了预期效果。确定设计目标是信息图表设计过程中的重要起点。它要求设计师具备深入的业务理解、敏锐的受众洞察力和对项目整体目标的清晰把握。通过精心设定设计目标，设计师能够确保信息图表的有效性和影响力，使其成为高效的信息传播工具。

（二）确定受众

在设计信息图表的过程中，确定受众是至关重要的一环。受众是信息图表的最终消费者，他们的需求、兴趣、知识水平以及接受信息的方式将直接影响设计的内容和形式。因此，深入理解受众的特性，是确保信息图表能够有效传达其核心信息的基石。

信息图表设计中的受众是指信息图表所针对的特定群体或个人，他们是信息的接收者和潜在的信息互动参与者。受众具有不同的特征，包括年龄、性别、教育程度、职业背景、文化背景、兴趣爱好、信息需求和信息接受习惯等。例如，针对专业金融人士设计的信息图表与面向普通大众消费者设计的金融信息图表在内容深度、专业术语使用、视觉表现形式等方面会有显著差异，因为这两类受众在金融知识储备和信息理解能力上存在较大差别。

受众会影响信息内容选择，不同受众群体对信息的需求和关注点不同。了解受众能够帮助设计师精准选择与受众相关且感兴趣的信息内容纳入信息图表。例如，为青少年设计的科普信息图表可能会更多地选择与日常生活、新奇科技现象相关的内容（图4-2）；而面向科研人员的学术信息图表则会聚焦于前沿研究成果、实验数据等专业内容（图4-3）。受众决定视觉风格与语言风格，受众的审美偏好、文化背景和信息接受习惯会影响信息图表的视觉风格和语言风格。年轻时尚的受众可能更容易接受色彩鲜艳、富有创意和动感的视觉设计风格，以及简洁、幽默、流行文化元素丰富的语言表述；而较为传统、专业的受众可能更倾向于简洁、严谨、专业规范的视觉呈现和语言表达。例如，为艺术设计专业学生设计的信息图表可以采用大胆的色彩搭配和富有艺术感的图形元素（图4-4），而在法律行业内部使用的信息图表则通常采用稳重、低调的色彩和正式的法律术语（图4-5）。当信息图表的设计符合受众的特征和需求时，能够更好地吸引受众的注意力，提高他们对信息图表的参与度（如主动分享、评论、深入阅读等）和信息接受度。受众会感觉信息图表是专门为他们量身定制的，从而更愿意投入时间和精力去理解和消化其中的信息，增强信息传播的效果。

确定受众首先要求设计师进行详尽的市场调研和用户分析（图4-6）。这包括了解受众的年龄、性别、教育背景、职业特征等基本信息，以及他们的阅读习惯、信息偏好和潜在的痛点。例如，如果受众是专业人士，他们可能更期待详细的数据分析和深入的行业洞察；而对于普通消费者，简洁明了、易于理解的信息呈现可能更为合适。

同时，受众的兴趣爱好是吸引他们关注信息图表的重要因素之一。当信息图表的主题与受众的兴趣点相契合时，他们更有可能主动去阅读和分享。例如，对于热爱旅游的受

图4-2　面向青少年的龙舟技艺科普信息图

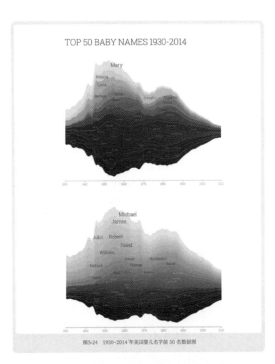

图4-3　面向科研人员的美国婴儿名字数据图

图4-4　面向艺术专业的信息图表

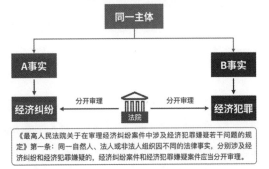

图4-5　面向法律专业的信息图表

图4-6　00后汽车品牌用户分析

众，设计关于世界各地旅游景点介绍、旅游攻略、当地文化特色等信息图表会更容易引起他们的兴趣；对于喜欢美食的受众，美食制作教程、各地特色美食推荐等信息图表则会更具吸引力。因此，在确定受众时，深入了解他们的兴趣爱好，能够使设计者在信息图表的主题选择和内容创作上更具针对性。此外，根据受众的兴趣爱好还可以选择合适的视觉元素和设计风格，进一步增强信息图表的吸引力。例如，针对户外运动爱好者的信息图表可以采用自然风景图片作为背景，搭配户外运动相关的图标和简洁有力的文字说明，营造出与主题相符的氛围。

确定受众还涉及对受众的认知能力和心理预期的考量。设计师需要评估受众对于图表中所涉及主题的先验知识，从而决定是否需要引入额外的解释或简化某些复杂概念。如果受众对主题已经有较为深入的了解，信息图表可以侧重于提供更深入、更前沿的信息，或者进行不同观点和研究成果的对比分析，以满足他们进一步学习和研究的需求。例如，在为专业的计算机程序员设计关于某种新型编程语言特性的信息图表时，可以详细介绍该语言的高级特性、底层实现原理以及与其他类似语言的性能对比等内容。相反，如果受众对主题知之甚少或完全陌生，信息图表则需要从基础知识入手，采用循序渐进的方式进行内容呈现，先建立起基本的概念框架，再逐步深入到具体的细节和应用。例如，为普通大众设计的关于人工智能概念的信息图表，首先要解释什么是人工智能、它的主要应用领域有哪些，然后再简单介绍一些常见的人工智能技术原理，如机器学习算法的基本概念等，避免一开始就陷入过于复杂的技术细节，导致受众难以理解。同时，了解受众的心理预期有助于设计师在视觉设计上做出恰当的选择，比如使用特定的颜色、图标或布局来吸引受众的注意力，或与他们的情感产生共鸣。

　　此外，受众的文化背景和社会语境也不容忽视，不同的文化有不同的符号系统和审美偏好。各种文化都拥有独特的符号与象征体系，它们承载着丰富的内涵与情感联想。在信息图表设计里，正确运用这些符号能极大增强信息传达效果，反之则可能导致误解。如在中国文化中，红色象征着喜庆、热情与好运，常被用于节日庆典或商业促销相关的信息图表；龙被视为吉祥、权威的象征，在文化宣传类信息图表中若合理运用可唤起受众的民族自豪感与认同感。而在西方文化中，白色常与纯洁、神圣相关联，黑色可能带有悲伤、神秘的意味，因此，针对西方受众的信息图表在颜色选择与符号运用上需充分考虑这些文化内涵。文化背景也决定着受众的语言与文字习惯。不同语言有着独特的语法结构、词汇体系和表达方式。信息图表中的文字内容需符合目标受众的语言习惯，确保清晰易懂。例如，中文信息图表可能会较多运用成语、俗语等富有文化特色的表达来增添文采与亲切感；而英语信息图表则更注重简洁明了的词汇和符合英语语法逻辑的表述。文化差异也造就了受众不同的审美观念，在视觉设计方面，某些文化崇尚简约、大气的风格，如北欧风格的信息图表常以简洁的线条、淡雅的色彩和大量留白呈现出一种宁静、自然的美感。而另一些文化则偏好华丽、繁复的装饰，如印度文化影响下的信息图表可能会运用丰富绚丽的色彩、复杂精美的图案来营造出热闹、浓郁的氛围。在图形元素的选择上，东方文化可能对自然山水、花鸟鱼虫等形象有着独特的审美情感，西方文化则可能更倾向于几何图形、人物雕塑等元素的运用。设计师在确定受众时，应考虑到这些因素，避免使用可能引起误解或不适的视觉元素。在跨文化沟通中，这一点尤为重要（图4-7）。

图4-7　国际通用视觉元素

在确定受众的过程中，设计师还应考虑信息图表的传播渠道。不同的平台和媒介可能吸引不同的受众群体。例如，社交媒体上的信息图表可能需要更快的视觉冲击力和更易于分享的设计（图4-8），而学术论文中的图表则更注重准确性和详细性。

最后，确定受众并不是一次性的过程，而是一个动态调整的循环。设计师在初步确定受众后，可能需要通过原型测试、用户反馈等手段来验证和细化对受众的理解，确保最终设计能够真正满足受众的需求。确定受众是信息图表设计中的一个核心步骤，它要求设计师具备深入的用户洞察力和灵活的设计思维。通过对受众的精准把握，设计师能够创造出既美观又实用的信息图表，有效地与受众沟通，达到信息传达的目的。

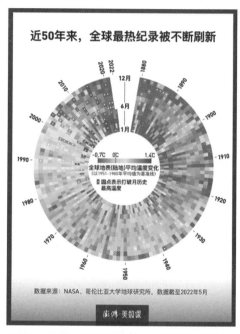

图4-8　澎湃·美数课发表在社交媒体上的信息图表

第二节　数据准备与处理

（一）收集数据

在信息图表的设计过程中，数据准备与处理是确保最终成品准确性和有效性的基础，而收集数据则是这一过程中的首要步骤。它涉及从多种渠道，包括网络资源、学术期刊、现有的图表资料等，广泛地搜集原始数据。这些数据往往是未经处理的，包含大量的原始信息，其中不乏与当前研究主题不直接相关的数据。因此，编辑人员必须对这些数据进行深入的调查和研究，通过严谨的筛选过程，提炼出与设计目标紧密相关的数据。这一过程不仅要求编辑具备敏锐的数据洞察力，还要求其能够运用专业的分析技巧，对数据进行甄别和评估。经过这一系列的筛选和提炼，编辑将有效地汇总出一系列有价值的、结构化的数据集，这些数据集将为信息图表的后续设计和制作提供坚实的基础。在此过程中，编辑还需确保数据的准确性和可靠性，以免在信息图表中引入偏差或错误，影响最终产品的学术价值和实用价值。

首先，收集数据前需明确信息图表的目的和设计目标，这将指导数据收集的范围和重点。例如，如果目标是展示市场趋势，那么数据收集应侧重于销售数据、市场份额和消费者行为等。接下来，需要选择合适的数据来源，数据可以来自公开的数据集、市场调研报告、公司内部数据库、在线调查等多种渠道。每种数据来源都有其优势和局限性，因此，设计师需要评估数据来源的可靠性、时效性和相关性。对于公开数据，还需考虑数据的版权和使用权限问题。

在数据收集过程中，必须保持高度的精确性和客观性。准确的数据是信息图表能够真实反映客观事实的前提，如果数据存在错误或偏差，那么基于这些数据构建的信息图表将误导受众，损害信息图表的公信力。例如，在一份关于经济增长趋势的信息图表中，如果数据收集过程中出现统计错误，将导致对经济形势的错误解读，进而影响企业决策、政府政策制定以及投资者的判断。从可靠的数据源获取数据，并进行必要的验证和审核，可以最大限度地减少数据误差，确保信息图表所传达的信息准确无误。因此，记录数据来源、收集日期和方法是良好实践的一部分，这有助于后续的数据验证和追溯。

此外，数据收集还应注重多样性和全面性。不应仅依赖单一来源或类型的数据，而应尝试从多个角度和层面收集信息，以获得更全面的数据视图（图4-9～图4-11）。丰富的数据能够使信息图表更具深度和广度，满足受众对信息的多方面需求。单一的数据点往往难以全面展示一个现象或问题，而通过收集多个相关数据点，可以构建起一个完整的信息体系，从不同角度对主题进行阐述。例如，在分析经济数据时，除了收集总量数据，还应考虑收集分行业、分地区或不同时间段的对比数据。在收集数据时，还需考虑到数据的质量，高质量的数据应当是准确、完整、一致和最新的。

同时，还要注意数据的时效性。关注数据的更新频率，对于一些变化迅速的领域，如金融市场、科技行业等，要使用最新的数据。例如，在制作股票市场走势信息图表时，需

图4-9 中国国家统计局网站

图4-10　CEIC网站

图4-11　百度指数

使用实时或近实时的股票价格、成交量等数据，因为股票市场数据瞬息万变，稍旧的数据可能会导致受众对市场现状的错误判断。而对于一些相对稳定的领域，如历史文化研究等，数据的时效性要求相对较低，但也要确保数据反映的是当前被广泛认可的研究成果，在收集时要了解数据的有效期限，超过有效期的数据可能不再适用。例如，人口普查数据一般每十年进行一次更新，在使用人口相关数据制作信息图表时，要考虑到数据是否在有效期内，若制作关于当前城市人口结构变化的信息图表，使用过期的人口普查数据可能会得出错误的结论，应结合最新的抽样调查数据或其他人口监测数据进行补充完善。

　　数据收集的方法可以分为以下几类。

　　① 数据库查询：企业内部通常拥有丰富的数据库资源。通过数据库查询语言，可以精准地提取所需数据。许多政府部门、科研机构、行业协会等也会建立公共数据库并向公众开放。利用这些公共数据库，信息图表设计者可以获取广泛领域的数据。例如，制作全球气候变化影响信息图表时，可从气候数据中心下载气温变化、海平面上升等相关数据进行分析与可视化呈现。

　　② 网络爬虫：网络爬虫是一种按照一定规则自动抓取网页内容的程序或脚本。它通过模拟浏览器向目标网站发送请求，获取网页的 HTML 代码，然后解析代码提取所需的数据。例如，要抓取新闻网站上的新闻标题、发布时间、正文内容等数据，网络爬虫会先访问新闻网站的首页，然后根据页面结构和链接规则，依次访问各个新闻页面，提取相关

数据并存储。

③ 问卷调查：问卷设计是问卷调查的关键和首要环节。首先要明确调查目的，根据目的确定问卷的主题和内容。问题的设置应简洁明了、逻辑清晰，避免使用过于专业或模糊的术语。问题类型可以包括单选题、多选题、填空题、量表题等。同时，要注意问卷的开头部分应向受访者说明调查的目的、意义和大致内容，结尾部分可以设置一些开放性问题，收集受访者的其他意见和建议。样本选择是问卷调查的第二阶段，样本选择要确保具有代表性。如果是针对全国消费者的调查，应涵盖不同地区、不同年龄、不同性别、不同收入水平等各类人群，可以采用分层抽样、随机抽样等抽样方法。在问卷回收后，要对数据进行整理和清洗，去除无效问卷，如大量空白、逻辑混乱、明显随意填写的问卷。对有效问卷的数据进行分类整理，将数据录入到电子表格或数据库中，以便后续的数据分析。例如，将所有受访者对某一问题的答案汇总到一个数据列中，方便进行统计分析，如计算各选项的选择比例等，为信息图表制作提供数据依据。

④ 访谈法：访谈法包括面对面访谈、电话访谈、视频访谈等多种形式。面对面访谈能够让访谈者与受访者进行直接的互动交流，观察受访者的表情、肢体语言等非语言信息，获取更丰富的信息，但成本较高且受地域限制。电话访谈相对便捷、成本较低，可以快速联系到不同地区的受访者，但缺乏面对面交流的直观性。视频访谈则结合了两者的优点，既能实现远程交流，又能一定程度上观察受访者的非语言信息。在进行访谈之前，要做好充分的准备工作，确定访谈目的和主题，根据主题选择合适的访谈对象。在访谈过程中，访谈者要营造轻松、友好的氛围，与访谈对象建立良好的沟通关系。按照访谈提纲依次提问，注意倾听访谈对象的回答，不要随意打断。对于访谈对象的回答，可以通过追问的方式获取更深入、更详细的信息。例如，如果访谈对象提到某个观点，可以追问"您为什么会有这样的看法？""您能举例说明吗？"等问题。同时，要认真做好访谈记录，可以采用笔记和录音相结合的方式，确保记录的准确性和完整性。访谈结束后，及时对访谈记录进行整理和分析，提取与信息图表制作相关的关键信息，如将专家对在线教育发展趋势的观点整理成文字材料，转化为信息图表中的数据或说明内容。

⑤ 观察法：可分为直接观察和间接观察。直接观察是指观察者直接对研究对象进行观察并记录数据。例如，在制作商场顾客行为分析信息图表时，观察者可以在商场内直接观察顾客的行走路线、停留时间、购物行为（如浏览商品、试穿、购买等）等，并进行详细记录。这种方法能够获取第一手的、真实的行为数据，但可能会受到观察者主观因素的影响，如观察者的注意力、偏见等。为减少主观影响，可以采用多个观察者同时观察并相互验证的方式。间接观察则是通过观察研究对象留下的痕迹或相关物品来收集数据。例如，在研究图书馆书籍借阅情况时，可以通过观察图书馆的借阅记录（包括借阅时间、借

阅人、借阅书籍种类等）来分析读者的阅读偏好和借阅规律，而无需直接观察读者的借阅行为。这种方法相对客观，但可能会存在数据不完整或不准确的情况，如借阅记录可能存在错误登记或遗漏等问题，需要在数据收集后进行进一步的核实与补充。

数据收集是一个持续的过程，可能需要随着信息图表设计的进展而不断调整和补充。设计师应保持开放性和灵活性，根据设计过程中出现的新需求或发现的问题，重新审视和收集数据。数据收集是信息图表设计的关键起点，它要求设计师具备良好的数据意识、批判性思维和细致的工作态度。通过有效和严谨的数据收集，设计师能够为信息图表的设计打下坚实的数据基础，确保最终成品能够准确、清晰地传达信息。

（二）分析数据

分析数据是指设计师以及数据分析师共同将汇总的数据进一步分析，理出层次，并确定以何种架构呈现信息图表。在信息图表的设计过程中，数据准备与处理环节至关重要，而分析数据则是这一环节的核心。分析数据涉及对已收集的原始数据进行深入探究，以识别数据中的模式、趋势和关联，从而为信息图表的设计提供有力的支撑。这一步骤要求设计师具备一定的数据敏感性和分析能力，能够从海量的数据中提炼出有价值的信息。

分析数据可以揭示数据内涵与价值。原始数据往往是杂乱无章且缺乏明确意义的，数据分析能够对数据进行梳理、提炼和解读，揭示数据所蕴含的深层次信息。分析数据可以指导信息图表的设计方向，根据数据的特点和分析得出的结论，可以确定信息图表的主题、重点信息以及信息的呈现顺序。基于严谨数据分析制作的信息图表更具说服力和可信度。在当今信息爆炸的时代，受众对于信息的真实性和可靠性要求极高。当信息图表能够展示出数据经过深入分析和验证的过程时，受众更容易接受其中所传达的信息。

首先，分析数据需要对数据进行分类和结构化。由于收集到的数据可能包含多个维度和层面，设计师需要根据信息图表的主题和目标，对数据进行适当的组织。这可能包括将数据按照时间顺序、地理位置、产品类别等因素进行分组，以便于后续的分析工作。不同类别的数据可能具有不同的特征。比如，在客户数据中，将客户按照地域分类，可以发现不同地域客户的购买习惯、偏好等方面的差异，从而为市场策略的制定提供依据。结构化的数据能够方便地被计算机程序和数据分析工具理解和处理，提高数据的可用性。通过定义好的数据结构，可以规范数据的输入和存储，减少数据错误和缺失的情况，保证数据的一致性和完整性。例如，在一个学生成绩管理系统中，结构化的数据要求每个学生的成绩记录都包含学号、课程名称、成绩等必要字段，这样可以确保成绩数据的完整性。

接下来，设计师应运用统计学方法和数据分析技巧来挖掘数据背后的意义。通过这些分析，设计师能够识别出数据中的关键点，为信息图表的设计提供焦点。数据挖掘可以帮助发现潜在的问题。例如，在生产过程中，通过质量数据的分析发现产品缺陷率上升的环节，及时采取措施进行改进。同时，也能发现新的机会，如在市场调研中发现新的消费需求未被满足，企业可以开发新产品来满足这一需求。

在分析数据的过程中，设计师还需考虑到数据产生的环境和背景，分析时必须结合实际情况，避免脱离背景的片面解读。同时，设计师应保持客观和批判性的态度，对数据中的异常值和潜在偏差保持警惕，确保分析结果的准确性和可信度。

数据可视化工具在这一阶段也发挥着重要作用。通过将数据可视化，设计师可以更直观地观察到数据的特点，发现分析过程中的问题和盲点。最后，数据分析是一个迭代的过程。设计师可能需要根据初步的分析结果，回过头去重新审视和调整数据，甚至可能需要重新收集数据。这种动态的、不断调整的过程有助于深化对数据的理解，提高信息图表设计的质量。

综上所述，分析数据是信息图表设计中不可或缺的一步，它要求设计师具备综合的分析能力、敏锐的洞察力和严谨的工作态度。通过对数据的深入分析，设计师能够为信息图表的设计提供坚实的数据基础，确保最终成品能够有效地传达信息，达到预期的沟通效果。

第三节　选择合适的图表类型

（一）媒介的选择

信息图表作为一种直观、简洁且富有吸引力的信息传递方式，被广泛应用于各个领域。在选择合适的图表类型以呈现信息时，媒介的选择是一个关键因素，它直接影响到信息图表的传播效果和用户体验。媒介的选择不仅涉及信息图表的展示平台，还包括用户与图表互动的方式，这些因素共同决定了图表类型的设计和应用。

媒介的选择必须与信息图表的目的和受众的需求相匹配。在设计图表之前，设计师应首先明确传播目标和受众需求。这有助于设计师选择最合适的图表类型和媒介形式，以确保信息的精准传达和受众的充分理解。同时，设计师还应关注受众的反馈和意见，及时调整和优化图表设计。受众的背景、偏好、理解能力以及使用场景将直接影响图表的设计与传播方式。例如，如果信息图表旨在网络平台上分享，那么交互式图表可能更为合适，因为它们能够提供丰富的用户体验，允许用户探索数据的不同层面。如果信息图表是为了打印在报告或杂志上，静态图表更为实用，因为它们在打印媒介上更为稳定和可靠。数字媒介，如网页和移动应用，支持动态和交互式图表，这些图表可以通过动画、滚动、点击等交互方式增强信息的传递。而传统的印刷媒介则限制了图表的动态性和交互性，因此，在印刷媒介上，设计师需要更加注重图表的清晰度和简洁性。

其次要考虑媒介特性，图表设计与媒介选择之间存在着密切的互动关系。一方面，图表设计受到媒介特性的制约和影响；另一方面，图表设计也反过来影响媒介的选择和使用。媒介的特性对图表设计具有重要的制约作用。例如，在打印媒介上，设计师需要考虑纸张的材质、尺寸、分辨率等因素，以确保图表的清晰度和可读性。在数字媒介上，设计师则需要关注屏幕的分辨率、色彩支持、交互性等特性，以优化图表的视觉效果和用户体验。此外，不同的媒介还可能对图表的格式、大小、文件格式等方面提出特殊要求，设计师需要灵活应对这些挑战，确保图表在目标媒介上清晰可读，特别是对于小屏幕设备或打印输出，高分辨率是关键。考虑受众的视障问题，应提供替代文本、屏幕阅读器支持或颜色对比度调整，确保信息对所有用户友好。对于网络媒介，确保图表在不同设备上的良好响应性和流畅交互体验。在最终确定媒介前，进行小范围测试，收集目标受众的反馈。这有助于验证图表的有效性，包括信息传达的准确性、视觉吸引力的程度以及交互体验的好坏。根据反馈进行调整，可以进一步优化图表媒介的选择与设计。传播目的是选择媒介的关键。不同的传播目的需要不同的媒介来支持。例如，如果目的是展示数据趋势，那么动态图表或交互式数据可视化工具可能更合适；如果目的是吸引公众关注，那么社交媒体或新闻网站等新媒体可能更有效。成本预算同样是选择媒介时不可忽视的因素。不同的媒介在制作、发布和维护方面的成本各不相同。设计师应在保证信息有效传达的前提下，合理控制成本预算。

不同的媒介具有不同的特点和适用场景，设计师应灵活运用多种媒介形式，以满足不同受众和传播目的的需求。例如，在社交媒体上发布图表时，可以选择简洁明了的图形设计；在报告或论文中插入图表时，可以选择详细的数据分析和说明。同时，设计师还应关注媒介的更新和发展趋势，及时引入新的媒介形式和技术手段，提升图表的表现力和吸引力。同时应注重图表的美感和创新性，美感和创新性是图表设计的重要亮点，设计师可以通过独特的图形设计、色彩搭配、动画效果等手段，使图表更加生动、有趣，吸引观众的注意力。另外，设计师还应不断探索新的设计理念和技术手段，推动图表设计的不断发展和进步。

在图表设计和媒介选择的过程中，设计师还应关注数据安全和隐私保护的问题。特别是在使用交互式数据可视化工具或在线平台时，设计师应确保数据的加密和存储安全，避免数据泄露和滥用。同时，设计师还应遵守相关法律法规和道德规范，尊重用户的隐私权和知情权。

图表媒介的选择是一个综合考虑受众、目的、图表类型及媒介特性的过程。通过精准匹配，可以有效提升数据传达的效率和效果，促进信息的正确理解与应用。在这个过程中，持续的学习与实践至关重要，因为随着技术的发展和受众需求的变化，最优的图表媒介策略也在不断演进。

（二）素材的选择

选择合适的图表类型是确保信息有效传达的关键步骤，而素材的选择则是这一过程中的重要环节。素材的选择涉及对图表中使用的视觉元素、图标、颜色、字体等元素的决定，这些元素共同构成了信息图表的视觉语言，对于传达信息的清晰度和吸引力起着决定性作用。素材的选择需要考虑以下几点。

① 信息图表的内容和目的：设计师需要深入理解数据的本质和设计目标，以便选择能够准确反映数据特征和传达意图的素材。例如，在展示经济增长的数据时，使用上升的箭头和积极的颜色可以传达出正面的经济趋势；而在展示环境问题时，使用破碎的图标和警示性的颜色则能更好地引起关注。

② 目标受众的认知习惯和文化背景：不同的受众群体可能对某些视觉元素有不同的解读，因此在选择素材时，设计师应避免使用可能引起误解或不适的元素。同时，考虑到跨文化的沟通，设计师应选择具有普遍认知和接受的素材，以确保信息图表的普遍适用性。设计师在选择素材时还应考虑信息图表的可访问性和无障碍性，确保所选素材在各种设备和浏览器上都能正常显示和访问，以便不同用户群体都能够方便地获取和理解信息。同时，考虑到残障人士的需求，设计师还应选择符合无障碍设计原则的素材，以便他们也能够顺利地阅读和理解信息图表，确保信息图表更加人性化和友好，提高其在目标受众中的接受度和满意度。

③ 可读性和美观性：选择的素材应能够增强图表的清晰度，而不是造成视觉干扰。素材在视觉风格上应保持一致，颜色搭配应和谐，图标和字体应易于识别。在追求美观的同时，不能牺牲信息的可读性，应确保素材的使用不会分散受众对核心信息的关注。为了进一步提升信息图表的效果，设计师还可以考虑将多种素材进行组合和搭配，通过巧妙的组合，可以创造出更加丰富和多样的视觉效果，增强信息图表的层次感和立体感。例如，在展示复杂数据时，可以使用多种图表类型（如柱状图、折线图和饼图等）进行组合，以

便更全面地展示数据之间的关系和趋势。同时，通过添加背景图片、纹理和边框等装饰性素材，可以提升信息图表的整体美观度和吸引力（图4-12）。

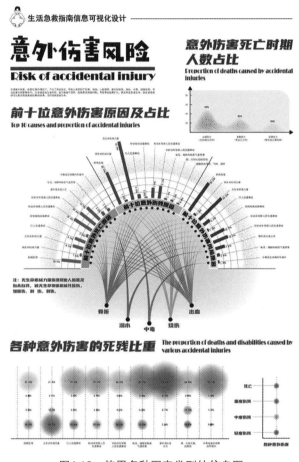

图4-12　使用多种图表类型的信息图

④ 时效性和适应性：在快速变化的信息时代，设计师需要确保所选素材能够紧跟时代潮流，反映最新的设计趋势和技术发展。这不仅能够提升信息图表的新鲜感和吸引力，还能增强其在目标受众中的影响力和传播力。同时，考虑到信息图表可能需要在不同的媒介和平台上展示，设计师应选择具有广泛适应性的素材，确保图表在各种环境下都能保持良好的视觉效果和可读性。

⑤ 版权问题：设计师要避免使用未经授权的图片、图标和字体等素材，以免引发法律纠纷和损害信息图表的信誉。选择正版素材不仅是对创作者劳动成果的尊重，也是保护自身权益和确保信息图表合法性的重要措施。同时设计师还应注重素材的原创性和独特性，避免使用过于常见或平庸的素材，以免降低信息图表的吸引力和独特性。相反，设计师应尽量选择具有原创性和独特性的素材，以便在众多信息图表中脱颖而出并吸引受众的

注意力，提升信息图表的价值和影响力，使其能够更好地传达信息。设计师还应注重与客户的沟通和协作，了解客户的具体需求和期望，以便选择更符合客户要求的素材，确保信息图表的设计更加符合客户的期望和需求，提高客户的满意度和认可度。

⑥ 可维护性和可扩展性：随着数据的更新和变化，信息图表可能需要进行相应的调整和优化。因此，设计师在选择素材时应尽量选择易于修改和替换的素材，以便在后续的设计过程中能够快速地进行调整。同时，考虑到未来可能需要对信息图表进行扩展和升级，设计师还应选择具有可扩展性的素材，以便在需要时能够轻松地添加新的元素和功能。

⑦ 可访问性和无障碍性：设计师在选择素材时还应考虑信息图表的可访问性和无障碍性，要确保所选素材在各种设备和浏览器上都能正常显示和访问，以便不同用户群体都能够方便地获取和理解信息。同时，考虑到残障人士的需求，设计师还应选择符合无障碍设计原则的素材，以便他们也能够顺利地阅读和理解信息图表。通过注重可访问性和无障碍性，可以确保信息图表更加人性化和友好，提高其在目标受众中的接受度和满意度。

⑧ 可持续性和环保性：设计师应尽量选择环保、可再生或低碳的素材，以减少对环境的影响和负担。例如，可以选择使用数字素材代替纸质素材，以减少纸张的浪费和污染。同时，考虑到未来可能需要对信息图表进行更新和替换，设计师还应选择易于回收和再利用的素材，以便在需要时能够减少浪费和污染。通过注重可持续性和环保性，可以确保信息图表的设计更加符合环保理念和可持续发展的要求。

⑨安全性和稳定性：设计师要确保所选素材不会引入恶意代码或病毒等安全隐患，以保障信息图表的安全性和可靠性。同时，考虑到信息图表可能需要在不同的设备和平台上展示，设计师还应选择具有稳定性和兼容性的素材，以确保图表在各种环境里都能正常显示和运行。通过注重安全性和稳定性，可以确保信息图表更加可靠和可信，提高其在目标受众中的信任度和认可度。

⑩ 实用性和功能性：设计师要确保所选素材能够满足信息图表的具体需求和目标，以便更好地传达信息和实现设计目标。例如，在展示产品功能时，可以选择使用具有实际意义的图标和图片来展示产品的特点和优势；在展示数据分析结果时，可以选择使用合适的图表类型和颜色来突出关键数据和趋势。通过注重实用性和功能性，可以确保信息图表更加具有针对性和实效性，提高其在目标受众中的影响力和价值。

⑪ 一致性和连贯性：设计师要确保所选素材在风格、色彩和排版等方面与整体设计保持一致和连贯，以便增强信息图表的整体感和统一性。例如，可以选择使用相同的字体和颜色方案来保持整体设计的一致性，在排版方面，可以遵循一定的排版规则和原则来确保信息的清晰和易读性。通过注重一致性和连贯性，可以确保信息图表更加整洁和有序，提高其在目标受众中的可读性和吸引力（图4-13）。

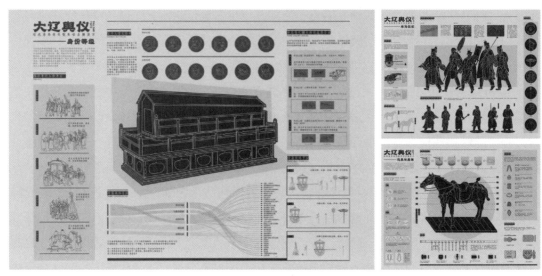

图4-13　大辽舆仪信息图设计

⑫ 创意性和艺术性：巧妙地运用创意和艺术手法，可以创造出更加独特和吸引人的信息图表。例如，设计师可以使用手绘风格的素材来增添艺术感和个性化（图4-14），在色彩搭配方面，可以尝试使用对比鲜明或渐变色等创意手法来增强视觉效果和吸引力（图4-15）。同时，考虑到受众的审美需求和偏好，设计师还可以选择具有艺术感和美感的素

▶ 图4-14、
图4-15彩图 ◀

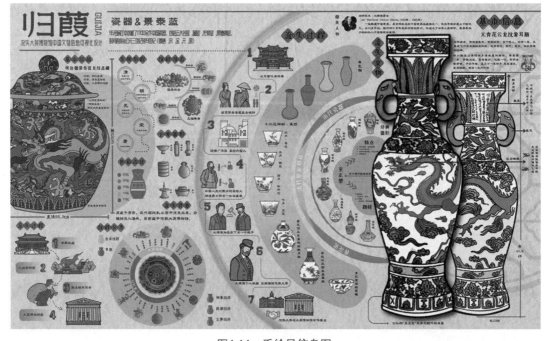

图4-14　手绘风信息图

材来提升信息图表的整体品质和价值。通过注重创意性和艺术性，可以确保信息图表更加具有吸引力和感染力，提高其在目标受众中的影响力和传播力。图4-14、图4-15彩色原图可扫码进行拓展学习。

⑬ 创新性和独特性：创新的设计元素能够吸引受众的注意力，使信息图表更具吸引力。但创新不应牺牲功能的实现，素材的使用应始终服务于信息传达的目的。在设计时，设计师应避免使用过于常见或平庸的素材，以免降低信息图表的吸引力和独特性。相反，设计师应尽量选择具有原创性和独特性的素材，以便在信息图表中脱颖而出并吸引受众的注意力。通过选择原创性和独特性的素材，可以提升信息图表的价值和影响力，使其能够更好地传达信息和吸引目标受众。

素材的选择还应遵循一定的设计原则，如简洁性、对比性和重复性。简洁的素材能够减少视觉噪声，提高信息的传递效率；对比性能够突出关键信息，增强图表的视觉冲击力；而重复性的使用某些素材则能够建立视觉节奏，增强信息图表的整体协调性。

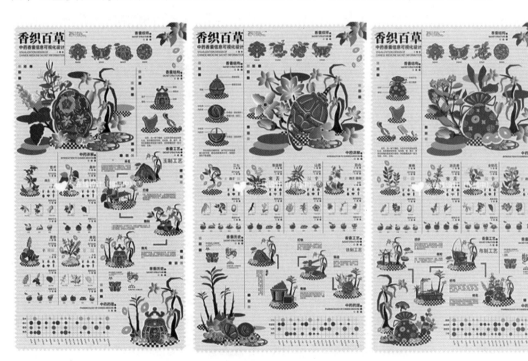

图4-15　采用对比色和渐变色的信息图

（三）图表种类的选择

在选择合适的图表类型中，图表种类的选择是信息图表设计方法中的一个核心环节，它直接关系到信息能否被准确、高效地传达给受众。图表种类的选择涉及对数据特性和传达目的的深入理解，以及对不同图表类型功能和应用场景的熟悉。图表种类的选择需考虑以下几点。

① 数据类型和结构：图表种类的选择首先应基于数据类型和结构。例如，分类数据通常可以用条形图或饼图来展示，它们能够清晰地显示出各个类别的比例和数量对比，而关联数据则可能更适合使用散点图或气泡图，它们能够直观地展示出变量之间的分布情况和趋势走向。设计师需要分析数据的特点，了解数据的维度、分布和关联情况，选择能够最好地展示数据特征和关系的图表类型。

② 设计目标：设计目标是设计师在设计过程中需要达到的预期效果，它决定了图表所传递信息的核心内容和受众的关注点，如果目标是展示数据的趋势变化，统计类可能是最佳选择，它们能够清晰地展示出数据随时间或其他变量的变化趋势，帮助受众把握数据的动态特征。如果目标是介绍一个物体的详细内容，分解类信息图可能更为合适，它们能够条理清晰地展示出物体的各个组成部分和它们之间的关系，帮助受众理解物体的结构和功能。设计师需要明确设计目标，以确保图表类型的选择能够支持信息的有效传达。

③ 受众的接受能力和偏好：不同的受众可能对某些图表类型更为熟悉，这取决于他们的背景知识、阅读习惯和预期的信息获取方式。例如，对于没有统计学背景的受众来说，复杂的统计图表可能会让他们感到困惑和难以理解。而对于习惯使用电子设备的年轻受众来说，交互式图表可能会更受欢迎，因为它们提供了更丰富的互动体验和信息探索的可能性。因此，设计师在选择图表类型时，应考虑受众的背景知识、阅读习惯和预期的信息获取方式，选择受众易于理解和接受的图表类型，这不仅可以提升信息图表的沟通效果，还可以增强受众对信息的信任感和满意度。

④ 展示媒介和技术实现：这决定了设计师在选择图表类型时需要考虑的技术限制和适应性，不同的媒介和技术平台可能对图表类型的支持程度不同。例如，交互式图表在数字媒介上能够提供丰富的用户体验，但在印刷媒介上可能无法实现。设计师需要根据媒介的特性和技术限制，选择合适的图表类型。此外，设计师还需要考虑图表在不同设备和浏览器上的兼容性，以确保图表能够在不同的技术平台上都能够正常显示和交互。

在选择了合适的图表类型后，设计师还需要关注图表的设计和呈现方式。图表的设计不仅包括图表的外观和风格，还包括图表中的文字说明、标签和图例等元素。设计师需要确保图表的设计符合视觉美学和用户体验的原则，能够吸引受众的注意力并引导他们正确解读图表所传递的信息。例如，设计师可以使用适当的颜色、字体和排版来增强图表的视觉效果和可读性，使图表更加美观和易于理解。同时，设计师还需要为图表添加必要的文字说明和标签，以帮助受众更好地理解图表中的数据和信息。图例和注释也是图表中不可或缺的元素，它们能够解释图表中的符号和缩写，使受众能够更准确地理解图表所传达的信息。在信息图表中，图表和文本是相互补充的，它们共同构成了信息的完整表达。设计师需要确保图表与周围文本的内容相互一致，并能够相互呼应，以帮助受众更好地理解和接受信息。例如，设计师可以在文本中简要介绍图表的内容和意义，并引导受众查看图表以获取更详细的信息。同时，设计师还可以在图表中添加指向文本的链接或注释，以便受众在查看图表时能够随时获取相关的背景知识和解释。

在实际操作中，设计师可能会遇到一些挑战和困难。例如，当数据类型和结构复杂多样时，设计师可能需要尝试多种图表类型来找到最佳的展示方式。此时，设计师可以借助专业的数据分析工具和可视化软件来进行数据分析和图表设计。这些工具能够提供丰富的图表类型和选项，以及灵活的定制和编辑功能，使设计师能够轻松地创建出符合自己需求的图表。此外，设计师还需要考虑图表的可读性和可访问性。可读性是指受众能够轻松理解图表所传递的信息，而可访问性则是指受众能够无障碍地访问和使用图表。设计师需要确保图表中的文字、标签和图例等元素清晰可读，并且符合无障碍设计的要求。例如，设计师可以使用大字体、高对比度和无障碍的交互方式来确保图表的可读性和可访问性，这不仅可以提升受众对信息的理解和接受程度，还可以提高受众对信息图表的满意度和信任感。

在设计过程中，设计师还需要与受众进行沟通和反馈。通过了解受众的需求和反馈，设计师可以不断调整和优化图表的设计，使其更加符合受众的期望和要求。设计师可以与受众进行面对面的交流或问卷调查，了解他们对图表的看法和建议，根据受众的反馈来修改和完善图表的设计，使其更加贴近受众的需求和喜好。设计师还需要关注图表的更新和维护。随着时间的推移和数据的变化，图表中的信息可能会过时或不再准确。因此，设计师需要定期检查和更新图表中的数据和信息，以确保其准确性和时效性。同时，设计师还需要关注图表的技术实现和兼容性问题，以确保图表能够在不同的设备和浏览器上正常显示和交互。

总之，在选择合适的图表类型时，设计师需要综合考虑数据类型和结构、设计目标、受众特点、展示媒介和技术实现等多个因素。通过深入分析和理解这些因素，设计师可以选择出最适合自己项目的图表类型，并创建出具有吸引力和有效性的信息图表，为受众提供更好的信息体验和服务。随着数据分析和可视化技术的不断发展，图表类型和设计方式也将不断创新和丰富。设计师需要保持对新技术和新趋势的敏感度，不断学习和探索新的图表类型和设计方法，以提高自己的设计水平和竞争力，推动信息图表设计领域的发展和创新，为受众提供更加优秀和丰富的信息可视化作品。

第四节　设计视觉元素与布局

（一）草图设计

在信息图表的设计过程中，设计视觉元素与布局是塑造图表外观和功能的关键步骤，而草图设计则是这一过程中的起始点。草图设计允许设计师在正式投入制作之前，以直观和非正式的方式探索和实验不同的设计理念和布局结构，为信息图表的最终成型奠定基础。在信息图表设计的深入阶段，草图设计的重要性愈发凸显。随着设计师对图表内容的理解逐渐加深，草图成了一个反复打磨和精炼想法的平台。在这一阶段，设计师开始更加注重细节，尽管仍然保持草图阶段的灵活性和实验性，但每一次的修改都更加有目的性，旨在解决具体的设计挑战。

草图设计首先是一种思考工具，它帮助设计师将抽象的概念和想法转化为可视化的形式。在这一阶段，设计师可以自由地尝试不同的图表布局、视觉元素组合和信息层次结构，无需担心细节的完美。这种自由度的存在，使得设计师能够更加专注于信息图表的整体框架和核心内容。在草图设计过程中设计师通常会使用铅笔和纸张进行手绘，或者利用数字工具进行草图绘制。手绘草图的优势在于其便捷性和直观性，它允许设计师快速记录灵感，而数字草图则提供了更多的编辑和调整可能性。无论采用哪种方式，草图设计都旨在快速迭代，通过不断的尝试和修正，逐步完善设计思路。

草图设计阶段，设计师需要考虑视觉元素的初步选择，包括颜色、字体、图标和线条样式等。这些元素虽未最终确定，但它们的初步搭配能够帮助设计师评估整体设计的和谐性和视觉冲击力。同时，设计师会通过草图来探索数据的空间分布，确定图表的布局，如标题、图例、注释和主要数据展示区的位置。颜色不仅能够影响图表的视觉吸引力，还能在情感层面与观众产生共鸣。例如，在展示积极成果的信息图表中，设计师可能会倾向于使用明亮的色调，如绿色或蓝色，来营造一种乐观和正面的氛围。而在呈现复杂或需要警示的数据时，则可能选择更为强烈的色彩，如红色或橙色，以引起观众的注意。

草图设计还是一种有效的沟通工具。设计师可以通过草图与团队成员或客户进行交流，展示设计理念和发展方向，收集反馈并据此进行调整。这种沟通有助于确保设计过程的方向正确，减少后期大幅修改的可能性。在草图设计的过程中，设计师还应关注信息图表的可读性和功能性。草图应清晰地展示数据结构和信息流，确保受众能够轻松地解读图表。

　　草图设计是信息图表设计方法中一个灵活且动态的环节。它不追求完美，而是强调探索和创新。设计师一般会绘制多个版本的草图，以测试不同的布局结构对信息传达效果的影响。例如，在柱状图中，设计师可能会尝试将柱子排列成水平或垂直方向，或者调整柱子之间的距离和宽度，以优化数据的可读性和视觉冲击力。在地图信息图表中，设计师则会关注地理信息的准确性和视觉呈现方式，确保观众能够轻松识别和理解地理位置和数据之间的关系。通过对草图的不断迭代，设计师能够逐步完善信息图表的设计，使其在视觉上吸引人，在功能上满足传达需求，为最终的设计成果打下坚实的基础。

　　随着草图设计的深入，设计师会开始整合来自不同草图版本的优秀元素，形成一个更加完善和成熟的设计方案。他们会在新的草图中整合经过测试的色彩搭配、字体选择、图标样式和布局结构，以创建一个视觉上吸引人且功能上满足传达需求的信息图表。在这一阶段，设计师还会开始关注图表的细节和修饰。他们会在草图中添加阴影、高光和纹理等视觉效果，以增强图表的立体感和层次感。同时，设计师还会关注图表的排版和格式，确保所有元素之间的间距和对齐方式一致且美观。

　　草图设计完成后，设计师会将其转化为数字格式，以便进行后续的编辑和修改。在这一阶段，设计师会使用专业的设计软件或工具来优化图表的细节和呈现效果。他们会对色彩进行微调，以确保其在不同媒介上的显示效果一致。同时，设计师还会对字体进行进一步的优化和调整，以确保其在不同尺寸和分辨率下的可读性。在将草图转化为数字格式后，设计师会进行多次的审查和测试。他们会邀请团队成员或客户参与审查过程，以收集更多的反馈和建议。根据反馈，设计师会对图表进行必要的修改和调整，以确保其满足所有相关方的期望和需求。

　　最终，经过多次迭代和优化的信息图表将呈现出完美的视觉效果和强大的功能。它将以直观、清晰和吸引人的方式展示数据和信息，帮助观众更好地理解和解读数据背后的故事。而这一切的起点，正是草图设计。

　　草图设计在信息图表设计过程中扮演着至关重要的角色。它不仅是一个思考工具，帮助设计师将抽象的概念和想法转化为可视化的形式；还是一个沟通工具，帮助设计师与团队成员或客户进行交流并收集反馈。通过草图设计，设计师能够不断探索和创新，逐步完善信息图表的设计思路并最终创造出视觉上吸引人且功能上满足传达需求的设计成果。

　　在信息图表设计的广阔领域中，草图设计是连接创意与现实的桥梁。它允许设计师在无限的可能性中探索、实验和发现，最终将抽象的数据和信息转化为具有视觉冲击力和功能性的设计成果。草图设计不仅塑造了信息图表的外观和功能，还传递了设计师的创意和理念，从初步的概念构思到最终的呈现效果，都离不开草图设计的支持和引导。通过草图设计，设计师能够不断挑战自己的创意极限，挖掘出更加独特和出色的设计作品。

（二）整理素材

整理素材是一项基础且关键的工作。它涉及对前期收集和设计的各种视觉元素进行筛选、分类和优化，以确保最终的设计既符合美学标准，又能够有效地传达信息。整理素材首先要求设计师对已收集的素材进行全面的审视，包括颜色、字体、图标、图片等，评估它们是否符合信息图表的主题和风格。这一过程需要设计师具备敏锐的审美眼光，能够识别出哪些素材能够增强信息的表达，哪些可能会造成视觉上的干扰或混淆。

信息可视化设计旨在将复杂的数据与信息以直观、易懂的图表形式呈现给受众，而素材整理作为信息可视化设计的重要基础环节，直接影响到最终信息图表的准确性、完整性与视觉吸引力。有效的素材整理能够使设计师在众多信息中精准定位所需内容，合理组织并转化为可视化元素，从而更好地传达信息主旨。素材的获取方式有以下几种。

① 权威数据库与文献：如学术期刊数据库、政府统计数据库等。这些资源提供经过严格审核与验证的数据信息，具有高度的准确性与可靠性。例如，在经济信息可视化设计中，国家统计局数据库能提供丰富的宏观经济数据，如GDP增长趋势、通货膨胀率等。

② 网络信息采集：利用搜索引擎、社交媒体平台等网络渠道收集素材。但网络信息繁杂，需要设计师具备较强的甄别能力。例如，在设计关于流行文化趋势的信息图表时，社交媒体平台上的热门话题讨论、相关文化产业报告等都可作为素材来源，但要注意筛选掉虚假或片面的信息。

③ 实地调研与访谈：针对特定主题，深入实地进行观察、调研，并对相关人员进行访谈。这有助于获取一手素材，更深入地了解信息背后的真实情况。如在设计城市交通拥堵信息图表时，实地观察交通流量高峰时段的道路状况，访谈交通管理人员与市民，能获取到独特且有深度的素材。

在整理素材的过程中，设计师需要对这些元素进行系统化的分类。例如，将颜色按照色调和饱和度分类，将字体按照风格和应用场景分类，将图标按照功能和含义分类。这种分类有助于设计师在后续的设计中快速找到合适的素材，保持设计的统一性和协调性。整理素材还涉及对素材的优化。设计师可能需要调整素材的颜色的亮度或对比度，使所有素材的形式看起来是统一的，以提升整体的视觉表现力。这种优化不仅是为了美观，更是为了确保素材在信息图表中的可读性和辨识度。

首先要确保收集的素材与信息可视化设计的主题紧密相关。例如，在设计一款关于智能手机市场占有率的信息图表时，应筛选出与各品牌智能手机销量、用户满意度等直接相关的素材，而过滤掉如手机生产工艺细节等无关信息。素材的数据信息必须准确无误，对于来源不明或数据模糊的素材应谨慎对待或舍弃。比如在医疗信息可视化设计中，关于疾病发病率、治疗成功率等数据必须来自权威医学研究或医疗机构，否则可能导致错误信息传播。信息具有时效性，尤其是在科技、时尚等快速发展的领域，在设计科技产品更新换代信息图表时，要优先选用最新的产品发布信息、技术参数等素材，避免使用过时数据导致信息图表失去价值。在整合素材时，设计师需要对原始素材进行初步的转化处理。如将数据类素材转化为可视化初步形态，如制作简单的数据图表草图；对文本类素材进行提炼，提取关键信息与观点；对图像类素材进行裁剪、调色等基础处理，使其更符合信息图表的整体风格与视觉需求。

整理素材还包括对素材的使用规范进行明确。设计师需要制定一套统一的视觉标准，如颜色使用的指南、字体大小的规范、图标的应用原则等。这些规范有助于保持信息图表的整体风格一致，同时也有助于团队成员之间的协作和沟通。整理素材也是一个动态的过程，它可能随着设计的进展而不断调整。设计师需要根据信息图表的反馈和实际效果，对素材进行增减或替换，以实现最佳的设计效果。通过精心的整理和优化，设计师能够确保信息图表的视觉元素既丰富多样，又和谐统一，从而有效地提升信息的传递效率和用户体验。

在信息可视化设计中，素材整理方法贯穿于整个设计流程。从素材收集来源的拓展，到严格的筛选标准制定，科学的分类方式运用以及有效的整合策略实施，各个环节相互关联、相互影响。只有做好素材整理工作，才能为信息图表的制作提供坚实的基础，使信息可视化设计在准确传达信息的同时，具备良好的视觉效果与可读性，满足受众对信息获取的需求，提升信息传播的有效性与影响力。

（三）布局与排版

在信息图表的设计过程中，布局与排版是决定信息呈现效果和用户交互体验的关键环节。它涉及对图表中各个视觉元素的合理安排，以及它们在整体设计中的空间分布，旨在创造一个清晰、有序且美观的视觉结构。

布局与排版的首要任务是确立信息图表的视觉层次。设计师需要根据信息的优先级和重要性来决定各个元素的视觉权重，确保关键信息能够在第一时间抓住受众的注意力。这通常涉及对标题、副标题、图例、数据标注等元素的大小、位置和排列顺序的精心设计。通过有效的视觉层次，设计师能够引导受众的视线按照预定的路径流动，从而优化信息的传递效率。通过形状、色彩的分类、群组和对比，使视觉层次分开，有助于读者对信息的轻重缓急有直观地判断（图4-16）。布局与排版中涉及的元素有以下几种。

① 图形元素：包括各种几何图形（如圆形、方形、三角形等）、图标与插图。几何图形可用于构建数据对比、比例关系等，例如用圆形来表示百分比，方形构建矩阵关系。

图4-16 视觉元素

图标能够快速传达特定的概念或类别，如用放大镜图标表示搜索功能，箭头图标表示方向或流程。插图则可用于增添情境感或故事性，使信息更生动形象。在选择图形元素时，需考虑其与信息内容的相关性、风格的一致性以及受众的认知习惯。例如，在为儿童教育类信息图表设计时，可多采用色彩鲜艳、形象可爱的插图。而在商务数据分析图表中，简洁的几何图形和专业图标更为合适。

② 色彩元素：色彩在信息图表中具有多种功能。它可以用于区分不同的数据系列或信息类别，如用不同颜色的柱状图表示不同地区的销售数据。同时，色彩也能营造氛围，引导受众的情感反应。例如，蓝色常被视为专业、冷静与可靠的象征，适合用于科技或金融领域的信息图表，而红色则更具活力与警示性，可用于突出重要或紧急的信息。在色彩搭配上，应遵循色彩理论的基本原则，如对比度原则，确保文字与背景色、不同数据元素的颜色有足够的对比度以便阅读。同时，也要控制色彩的数量，避免过于花哨而导致视觉混乱，一般建议在一个信息图表中使用不超过5～7种颜色。

③ 文字元素：文字是信息图表中不可或缺的部分，用于标注数据、解释概念、提供标题与说明等。文字的字体、字号、颜色与排版方式都会影响信息的传达效果。例如，标题文字应采用较大的字号、醒目的字体以吸引受众的注意力，而数据标注文字则需清晰、

简洁，字号适中以便阅读。在字体选择上，应考虑与整体风格的匹配性以及在不同设备与显示环境下的可读性，对于正文内容，无衬线字体（如Arial、Helvetica等）通常在屏幕显示上具有更好的可读性，而对于标题或需要营造特定风格的部分，可以适当选用有衬线字体（如Times New Roman）或创意字体，但需确保不会影响文字的辨识度。

图表上呈现的元素应采用相应的视觉修辞方法让整张图表变得灵活有趣、主次分明。视觉修辞是一种通过视觉元素和设计技巧来增强信息传达效果的策略。它不仅仅是对数据的呈现，更是对数据背后的故事和情感的传达。视觉修辞可以采用多种形式，包括隐喻、象征、对比、夸张等，它们共同作用于信息图表，使其不仅仅是一个数据展示的工具，而是一个富有情感和故事性的媒介。

在布局与排版的过程中，设计师还需考虑信息的逻辑顺序和阅读习惯。例如，在多数文化中，阅读习惯是从左至右、从上至下，因此信息图表的布局应顺应这一习惯，以减少受众的认知负担。同时，设计师需要确保信息的流动符合逻辑，比如在时间序列数据中，应按照时间顺序排列，在空间分布数据中，则应按照地理位置的顺序布局。一般在布局与排版中，需要遵循以下原则。

① 逻辑清晰性原则：素材的布局应遵循信息的逻辑结构。对于有先后顺序的信息，如流程、时间线等，应采用线性布局，如从左到右或从上到下的顺序依次排列相关素材。例如，在制作产品生产流程信息图表时，按照原材料采购、加工、组装、质检、包装等环节依次排列对应的图形与文字说明，使受众能够清晰地理解整个流程的顺序。对于具有分类关系的信息，如不同部门的业绩数据、不同产品的特性等，可以采用分组布局，将同类素材放置在相近的区域，并通过边框、颜色或留白等方式进行区分。这样受众能够快速识别不同类别的信息，并进行对比与分析。

② 视觉平衡原则：布局应注重画面的视觉平衡，避免出现一边重一边轻或某个区域过于密集而其他区域过于空旷的情况。对于较大或较重要的视觉元素，如主要的数据图表或核心插图，可以放置在画面的中心或黄金分割点附近，以吸引受众的目光并起到稳定画面的作用。同时，对于多个元素的布局，要考虑它们的大小、形状与颜色等因素的相互平衡。例如，一个较大的圆形图表旁边可以搭配几个较小的方形图标，并且通过调整它们的颜色对比度和间距，使整个画面看起来和谐稳定。

③ 简洁性原则：避免在布局中堆砌过多的素材，保持画面的简洁性。每个元素都应有其明确的功能与意义，去除冗余的装饰与不必要的信息。例如，在数据可视化图表中，只保留关键的数据标签与必要的网格线，过多的网格线或装饰性元素会干扰受众对数据本身的关注。简洁的布局也有助于提高信息图表的加载速度与在不同设备上的适配性，尤其是在移动设备端，简洁的设计能够更好地适应小屏幕的显示环境，让受众能够快速获取信息。

空间的美学和功能性是在排版中的中心环节。它要求在有限的空间内，合理分配各个视觉元素的位置，避免过于拥挤或空旷，以保持视觉上的平衡和舒适。这包括对空白区域的恰当运用，以及元素之间适当的间距设置。良好的空间布局不仅能够提升信息图表的视觉效果，还能够增强其功能性，使得受众在浏览和交互过程中感到轻松自如。信息可视化设计中信息图表的制作，尤其是素材的布局与排版，是一个综合性且富有创造性的过程。只有深入理解并运用视觉元素的特性，遵循布局原则并掌握排版技巧，设计者才能够打造出高质量的信息图表，更有效地传达信息，满足受众在信息获取与理解方面的需求。在不断发展的信息时代，持续探索与优化信息图表的布局与排版，将有助于提升信息传播的效率与质量，促进各个领域的信息交流与知识共享。

第五节　优化与最终敲定

（一）视觉流程的优化

视觉流程优化是通过对信息不断调整、优化从而达到信息精简结果的策略，在设计过程中对视觉流程进行改进，最终取得理想的结果。设计师会深入探讨从初步设计到最终敲定过程中，如何依据各种因素对视觉流程进行优化，涵盖数据处理、视觉设计、用户体验等多方面考量，旨在提升信息图表的质量与有效性，以更好地服务于信息传播与受众理解需求。视觉流程的优化主要有以下几点。

① 优化视觉元素之间的搭配比例：避免某个视觉元素过于突出而掩盖了其他重要信息，同时也要保证关键元素有足够的视觉吸引力。例如，在柱状图中，柱子的宽度与间隔比例要合理，既能清晰区分不同数据类别，又不会使图表显得过于拥挤或稀疏。

② 色彩与排版优化：在色彩方面，遵循色彩心理学原理进行优化。对于需要强调的信息部分，使用高对比度的色彩组合，如黑与黄、红与白等。同时控制色彩数量，一般不超过5~7种，以免造成视觉混乱。例如，在展示产品销售数据的信息图表中，用鲜艳的红色突出销量增长显著的产品类别，而用灰色表示其他相对稳定的产品数据，使受众能够快速聚焦关键信息。排版上注重信息的层次结构。采用合适的对齐方式，如标题与正文的对齐、图表与文字说明的对齐等，使整个信息图表看起来整洁有序。利用留白和分组布局来区分不同信息模块，例如，将相关联的数据图表和文字解释放置在一个视觉分组内，通过

留白与其他模块隔开，方便受众阅读和理解信息的逻辑关系。

完成一张信息图表的原型后，进行视觉流程优化主要检查流程可以分为以下几个方面。

① 保信息层次清晰：信息图表应该有一个清晰的层次结构，这有助于观众快速理解信息的重要性和关系。可以使用不同的颜色、大小或形状来区分主要数据和次要数据，以及不同类别的数据。

② 持视觉一致性：在整个图表中使用一致的视觉元素，如统一的字体风格、颜色方案和图形元素。这有助于创建一个协调的视觉效果，使观众能够更容易地识别和理解信息。

③ 优化布局：布局是信息图表设计中的关键。确保所有元素都有适当的空间，避免拥挤或留白过多。布局应该引导观众的视线自然流动，从最重要的信息开始，然后是次要信息。

④ 用引导元素：使用箭头、线条或其他视觉引导工具来指示数据之间的关系或流程。这有助于观众理解复杂的数据结构和它们之间的联系。

⑤ 确保图表的可读性：确保图表中的文本大小适中，颜色对比度高，以便于阅读。避免使用过于花哨或难以阅读的字体，确保所有文本都是清晰可辨的（图4-17）。

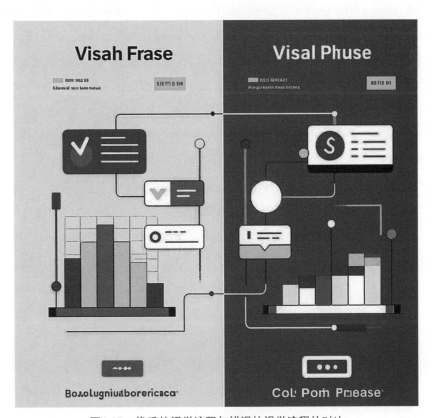

图4-17 优秀的视觉流程与错误的视觉流程的对比

（二）内容信息的精简

在信息图表的设计过程中，内容信息的精简是一项至关重要的工作，它直接关系到信息图表的清晰度。设计师在优化与最终敲定信息图表时，必须对内容进行精确的筛选和提炼，剔除冗余和不必要的信息，确保每一项数据和信息点都有其存在的价值和意义。

内容信息的精简可以分为以下两个步骤。

① 信息取舍：在进行设计之前研究好信息的可实用性，去除不必要的信息，这是改善信息繁杂、提高信息辨识效率最有效的一步。

② 整合和再总结：整合信息不仅仅是减少文字和数据的数量，更是一种信息提炼的艺术。设计师需要通过逻辑推理和设计直觉，将复杂的数据集转化为简洁明了的视觉元素，让用户减少认知负荷，能够在短时间内把握信息的精髓。

（三）色彩文字的优化

在信息图表的设计过程中，色彩与文字的优化对于提升图表的整体传达效果和用户体验起着至关重要的作用。色彩不仅能够吸引观众的注意力，还能传达特定的情感和文化含义，而文字则是信息传递的直接载体，两者的和谐搭配是确保信息图表设计成功的关键。

色彩优化在信息图表设计中占据着核心地位，设计师需要精心挑选颜色方案，以确保色彩的运用既能突出关键信息，又能保持整体的视觉和谐。色彩的选择应考虑到对比度，以确保文字和背景之间有足够的区分度，让信息一目了然（图4-18）。

同时，色彩的心理效应也不容忽视，不同的颜色会引起人的不同情绪反应，因此设计师需要根据信息图表的主题和目标受众，选择能够准确传达信息情绪的色彩。

文字的优化同样重要，它涉及字体的选择、文字的大小、行距和排布。设计师应选用清晰易读的字体，避免使用难以辨认的字体，以免影响信息的传达。文字大小的设定需要根据图表的整体尺寸和阅读距离来决定，确保即便在较小的屏幕上也能清晰阅读。行距和段落间距的调整能够提高文本的呼吸感，使长篇文字阅读起来更加舒适。同时，文字表述要简洁明了，避免使用过于专业或晦涩难懂的词汇和句子结构。对于复杂的概念或数据关系，采用通俗易懂的比喻或解释性文字。例如，在解释金融投资回报率时，可以用"每投入100元，经过一段时间后能收获多少钱"这样的表述方式。优化图表的标注和说明时，要确保数据标签清晰可读，坐标轴刻度标注准确合理。对于图表中的特殊符号或图标，提供详细的图例说明，使受众即使没有专业背景知识也能理解信息图表所传达的内容。

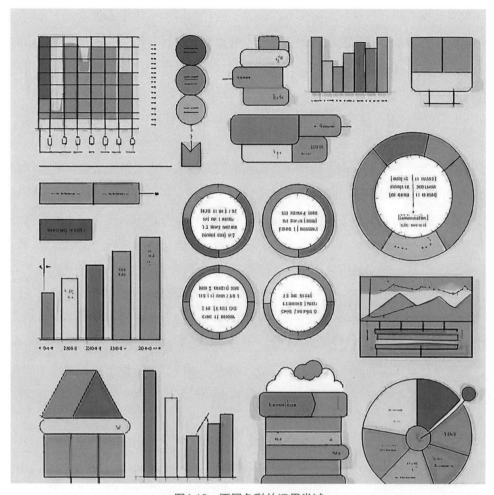

图4-18　不同色彩的运用尝试

在色彩与文字的结合上，设计师需要确保文字在色彩背景上的可读性，避免使用可能导致视觉疲劳或阅读困难的颜色组合。例如，深色背景上的浅色文字或浅色背景上的深色文字都是较为安全的选择。同时，对于重要信息和标题，可以通过增加文字的权重或使用不同的颜色来强调，以此引导用户的视觉焦点。

色彩与文字的优化还应考虑到文化差异和可访问性。不同文化背景的受众对于颜色可能有不同的解读，设计师需要避免使用可能引起误解或不适的颜色。而在可访问性方面，考虑到色盲用户的需求，设计师应确保图表即使在没有颜色的情况下也能传达信息。

在优化与最终敲定时，一般需要经过内部评审与迭代、用户反馈收集与整合。

① 内部评审与迭代：建立内部评审团队，成员包括设计师、数据分析师、领域专家等。在信息图表初步设计完成后，进行内部评审。评审内容涵盖数据的准确性与完整性、视觉设计的美观性与合理性、用户体验的流畅性等多方面。根据评审意见进行迭代优化，

例如，如果数据分析师发现数据解读存在偏差，设计师对视觉效果不满意，或者用户体验专家提出交互流程不便捷等问题，都要及时进行修改和完善。每一轮迭代要在规定时间内完成，并且在数据准确性上达到更高标准，视觉设计上提升一定的美观度得分，用户体验上减少一定比例的用户操作失误等，通过明确的目标驱动迭代优化过程。

② 用户反馈收集与整合：在信息图表发布前或试用阶段，需要收集目标受众的反馈意见。可以通过在线问卷、用户访谈、焦点小组等方式进行。例如，在一个新产品功能介绍信息图表试用后，组织用户进行访谈，询问他们对图表内容、视觉效果、是否帮助他们理解产品功能等方面的看法。将用户反馈进行分类整理，提取有价值的信息并整合到优化流程中。如果多数用户反映某个图表类型难以理解，那么考虑更换更合适的图表类型，如果用户对色彩搭配提出异议，可以根据用户喜好和信息传达需求进行一定的色彩调整等，以用户需求为导向不断完善信息图表制作流程。

信息可视化设计中信息图表制作的流程优化是一个持续的、多维度的过程。通过对数据处理、视觉设计、用户体验等流程的精细化优化，并建立有效的迭代与反馈机制，可以制作出更高质量、更符合受众需求的信息图表。这不仅有助于提升信息传播的效率与准确性，还能增强信息图表在各个领域（如商业、教育、科研等）的应用价值，推动信息可视化技术不断发展进步，更好地服务于现代信息社会的需求。

第六节　信息可视化的设计软件

（一）流程图设计软件

▶ 常用流程图设计软件

流程图作为一种直观的图形化工具，被广泛应用于各个领域，以帮助组织和个体更好地理解、分析和优化各种过程。它的应用领域覆盖了从企业到个人，从生产到服务的方方面面，成为提高流程透明度和效率的重要工具。

除了手绘草图外，流程图等各类图表都需要借助各类绘图软件的综合应用才能完成。制作流程图的软件多种多样，常见的有Microsoft Visio、Lucid chart、Draw.io、Omni Graffle等。可扫码进行拓展学习。

四种软件的功能特性、适用平台、价格、学习曲线对比见表4-1。

表4-1　流程图软件对比

对比项	Microsoft Visio	Lucid chart	Draw.io	Omni Graffle
功能特性	1. 模板、形状库丰富，与Office深度集成 2. 擅长创建专业复杂图表，工程、项目管理领域功能强大	1.云端协作便捷，支持多人实时在线编辑 2. 智能绘图，模板和资源库多样，适配多种图表绘制 3. 数据驱动图表生成高效	1. 开源免费，简单易用 2. 基本绘图功能完备，形状模板丰富 3. 实时协作满足小团队需求	1. Mac 和 iOS 系统专属，原生体验出色 2. 专业绘图功能，模板素材充足 3. 智能布局排版精准
适用平台	主要为 Windows 系统，网页版功能受限	跨平台，基于云端，浏览器可访问，有移动应用	多平台，涵盖Windows、Mac、Linux，支持浏览器及桌面、移动应用	仅适用于 Mac OS X 和 iPad 平台
价格	较高，需购许可证或订阅，个人和小企业成本大	有免费版，付费版计划多样，整体价偏高	完全免费	付费购买，价格较高，有免费试用
学习曲线	较陡，功能繁杂，初学者入门耗时	适中，界面简洁，高级功能需钻研	平缓，操作简单，新手易掌握	适中，熟悉苹果系统易上手，专业功能待深挖

　　此外，还有如Microsoft Word、PowerPoint和Excel等办公软件，虽然它们不是专门的流程图软件，但也提供了基本的绘图工具，可以用于快速制作简单的流程图。这些软件各有特色，满足了不同用户在不同场景下的流程图制作需求。

（二）数字绘画软件

　　数字绘画软件有Adobe Illustrator、Adobe Photoshop、Sketch、Affinity Designer等，可扫码进行拓展学习。它们的应用在信息可视化中主要体现在以下几个方面。首先，这些软件提供了精确的矢量绘图工具，使得设计师能够创建清晰、可缩放的图形，这对于需要在不同尺寸和媒介上展示的可视化作品尤为重要。其次，软件中的颜色选择和渐变工具可以帮助设计师根据数据内容和传达的目的，选择合适的颜色方案，增强视觉效果和信息的可读性。

常用数字
绘画软件

　　Adobe Illustrator、Adobe Photoshop、Sketch 和 Affinity Designer 都是图形设计领域内的强大工具，它们各自在绘制信息可视化图表方面都有独特的优势。四种常用软件的对比见表4-2。

表4-2 数字绘画软件对比

对比项	Adobe Illustrator	Adobe Photoshop	Sketch	Affinity Designer
软件类型	专业矢量图形编辑软件	基于像素的图像编辑软件	专注 UI/UX 设计的矢量工具	兼具矢量与位图处理能力的设计软件
功能特点	强大矢量绘图，精准绘制复杂形状；出色排版，支持多字体格式与精确排版操作；丰富图形样式与效果，可自定义；符号和图表工具方便创建重复元素及数据可视化	卓越像素编辑，精细处理照片细节；图层、选区和蒙版灵活多样，利于图像合成；海量滤镜和特效，生成多种艺术效果；图像调整修复功能强大，修复瑕疵色彩问题	界面专为 UI 设计简洁打造；矢量绘制贴合 UI 元素创建；强大符号和共享样式确保界面一致性	矢量位图全能处理，矢量绘图工具专业，位图调整基础扎实；可自定义工作区；资产符号管理高效；实时预览便于调整；画笔效果多样
适用场景	平面设计（海报、包装等矢量元素主导）、插画创作（各类风格矢量插画）、品牌与标识设计（确保缩放不失真）、部分 UI/UX 图标及矢量界面元素制作	照片编辑修饰（人像、风景后期）、数字绘画（模拟各类绘画风格）、图像合成与特效制作（影视海报、广告特效）、部分 UI/UX 高保真视觉及合成背景设计	UI/UX 设计全流程（移动应用、网页界面原型到视觉）	平面设计与插画（综合处理图形图像）、UI/UX 设计（利用符号管理与实时预览）、数字出版与印刷设计（一站式排版输出）
学习曲线	较陡，功能全面复杂，虽教程多但掌握高级功能耗时久	较陡，功能繁多，需投入大量精力学习工具组合及高级图像处理	平缓，功能集中于 UI 设计，界面简洁易上手，短时间能掌握基本流程	适中，融合功能操作逻辑清晰，新手易入门，掌握独特功能需额外练习
文件兼容性	与 Adobe 系列软件无缝衔接，支持常见矢量图形格式如 AI、EPS 等，可导出多种用于印刷、网络的格式	广泛兼容位图格式，如 PSD 是行业标准分层文件格式，也能导入导出常见图片格式用于不同场景	主要针对 UI 设计流程，可导出 Sketch 文件供团队协作，也能转成 PNG、PDF 等基础格式用于交付	良好兼容多种矢量位图标准格式，方便与其他软件交换文件，导出设置灵活满足多样输出需求
平台支持	Windows、Mac 系统，网页版功能略有局限	Windows、Mac 系统，部分移动端查看编辑有限支持	仅 Mac 系统，专注苹果生态 UI 设计优化	Windows、Mac 系统，跨平台性能稳定，保障不同系统设计体验一致
社区与资源	Adobe 官方资源丰富，全球庞大设计师社区，教程论坛众多，第三方插件拓展多样	同 Illustrator，依托 Adobe 生态在摄影、设计领域积累海量学习资料与插件	UI 设计社区围绕紧密，有大量特定于界面设计的插件、模板资源，Sketch 官网及设计平台交流活跃	有不断成长的用户社区，官方教程细致，第三方资源逐步增多，在性价比驱动下开发者关注度上升

（三）思维导图设计软件

　　思维导图，又称为脑图或心智图，其优势在于能够将大脑中原本杂乱无章的想法贯穿起来，形成条理清晰、逻辑性强的知识结构。常见的思维导图形式包括鱼骨图、蜘蛛图、二维图、树状图、逻辑图、组织结构图等（图4-19）。

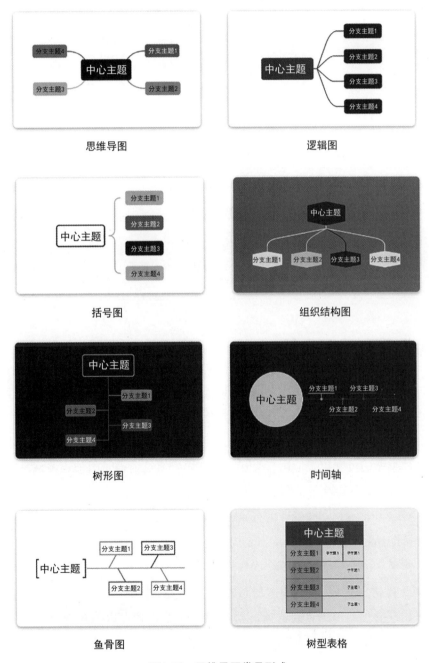

图4-19　思维导图常见形式

常见思维导图
设计软件

MindManager、XMind和MindMeister是三款非常受欢迎的思维导图软件，它们各自具备独特的优势，在信息可视化方面发挥着重要作用，可扫码进行拓展学习。

MindManager、XMind、MindMeister的功能特性和使用场景对比见表4-3。

表4-3　思维导图软件功能对比

对比项	MindManager	XMind	MindMeister
功能特性	1. 管理功能强大，甘特图、任务分配突出，助力企业级项目规划管理 2. 与微软办公软件集成度高，适配企业办公流程	1. 图表类型极为丰富，除思维导图外有多样图形化表达，满足多样化展示需求 2. 软件扩展性强，借助插件服务不同专业、个性化需求	1. 在线协作功能卓越，团队成员实时共编思维导图，利于远程协作与头脑风暴 2. 移动设备使用体验佳，方便随时创作分享
使用场景	企业项目管理、会议组织、战略规划等，适用于企业团队在 Windows 和 macOS 系统绘制复杂思维导图及项目管理	1. 个人和团队多平台（电脑、移动设备）创建分享思维导图 2. 教育领域及创意工作者整理展示知识想法得力工具	1. 面向需在线协作团队及个人，像远程办公团队、在线学习小组，促进成员沟通合作提效 2. 适配不同设备频繁切换用户，便于随时记录分享思维成果

（四）动态图表软件

动态可视化是一种将数据或信息随时间变化展现出来的技术，它通过动画、交互式元素等方式让观众能够直观地看到数据的变化和发展趋势。动态可视化的特点在于它可以捕捉数据随时间变化的过程，通过动画的形式展示数据的变化轨迹，使得静态的数据变得生动起来。这种类型的可视化支持用户交互，允许用户通过拖动时间轴、调整参数等手段探索不同的数据视图，从而获得更深入的理解。

Adobe After Effects是一款专业的视频编辑软件，也可以用来创建复杂的动态可视化。它通过关键帧动画和时间线编辑功能来创建动态图表和信息图，尤其适用于制作高质量的视频内容。作为一款专业级的特效合成软件，AE可以无缝导入PR、PS、AI等软件的图层文件或视频文件进行合成。AE的图层与时间轴、关键帧融为一体，既可以进行时间控制，又可以相互叠加，逻辑直观清晰。AE的特点主要体现在以下几方面：图层合成能力强，包括转场、特效、叠加合成和蒙版都可以实现；图层与图层之间的时间和位置关系明确，操控方便。拖动式的移动操作可同时移动、旋转或缩放多层对象；插件众多并且涵盖面广。

（五）三维图形软件

三维造型在信息可视化领域扮演着至关重要的角色，它通过将抽象的数据转化为具体的形状、颜色、纹理和空间位置，为用户提供了一个更为直观和沉浸式的视觉体验。

与二维图像相比，三维图像能够更真实地模拟物体的空间形态和位置关系，观众可以从不同角度观察和理解信息内容，更好地把握物体的整体结构和局部细节，从而提高信息传达的准确性和完整性。常见的三维图形软件有Autodesk Maya、Blender、3dsMax，可扫码进行拓展学习。

常见三维
图形软件

第五章

信息传达设计的跨领域应用与发展前景

▶ 第五章配套课件 ◀

导读

　　信息可视化是连接数据与人类认知的桥梁，在信息爆炸的时代，其重要性日益凸显。本章通过丰富的商业、新闻、教育等跨领域案例，展现信息图表设计的相关要素。同时，结合人工智能、虚拟现实、物联网等前沿技术，展望信息可视化在沉浸式体验、智能分析与跨平台协作中的未来图景。

知识目标

1. 熟悉信息可视化在商业分析、新闻叙事、教育教学等领域的典型应用场景与创新模式。
2. 了解人工智能、AR/VR、物联网等新兴技术对信息可视化发展的推动作用。
3. 把握信息可视化未来趋势，如沉浸式交互、数据叙事智能化与跨终端适配技术。

能力目标

1. 具备运用AI工具生成动态可视化内容，并结合AR/VR技术构建沉浸式体验的能力。
2. 能够通过多维度数据分析与竞品对比，为企业战略决策提供可视化支持。
3. 掌握跨领域案例分析方法，将信息可视化技术灵活应用于教育、农业、文化保护等场景。
4. 能够针对不同终端特性，设计不同样式的信息图表，提升跨平台适配性。

第一节　信息图表设计的跨领域应用与创新案例

（一）商业领域中的创新信息图表应用

随着商业环境的日益复杂和信息的爆炸式增长，企业对于高效信息处理与传播的需求愈发迫切。信息图表作为一种直观、形象且富有吸引力的可视化工具，正深度融入商业运营的各个方面，以创新的应用模式助力企业提升决策效率、增强市场竞争力、优化内部沟通协作以及推动产品营销与推广。在当今数字化时代，商业活动产生的数据量呈指数级增长。从市场趋势的动态变化到企业内部运营的各项指标，从产品特性与优势到消费者需求与反馈，海量信息充斥着企业的各个决策环节。如何从这些繁杂的数据和信息中迅速提取有价值的内容，并以清晰、易懂的方式呈现给相关人员，成为企业面临的关键挑战。信息图表设计凭借其独特的可视化优势，将数据、文字、图形等元素有机融合，把复杂信息转化为直观、形象的视觉形式，极大地提升了信息传播与理解的效率，在商业领域展现出了强大的创新活力与应用潜力。

1. 市场洞察与决策支持

传统的市场数据报告往往以冗长的文字和繁杂的数字表格呈现，这使得企业决策者在面对大量信息时，难以快速、准确地把握市场动态的核心要点。创新的信息图表设计则突破了这种局限性，通过多维度融合的方式，将市场趋势以更加直观、全面的形式展现出来。以某市场调研公司为一家知名美妆企业提供的市场趋势分析为例，该调研公司构建了一种复合式信息图表体系，以时间轴作为贯穿始终的基线，直观展示近十年来化妆品市场总体规模的动态变化。利用表格直观展示各品牌的市场占有率，再利用柱状图清晰呈现各年度市场规模的具体数值，使企业能够一目了然地了解不同年份市场规模的起伏情况（图5-1）。

这种组合方式不仅能够体现出整个化妆品市场的增长或衰退态势，还能精准反映出各细分领域在市场竞争中的地位变化。更为创新的是引入气泡图来反映不同地区的消费增长速度。气泡的大小代表该地区的消费总量，而颜色则巧妙地区分了消费偏好倾向，冷色调象征着消费者对自然清新风格产品的偏好，暖色调则表示对华丽浓郁风格产品的青睐（图5-2）。通过这一复合式信息图表，美妆企业的管理层能够全方位、多层次地洞察市场动态。他们能够迅速发现某地区对天然成分护肤品的需求呈快速上升趋势，进而为产品研发部门提供明确的方向指引，促使其加大对天然护肤品的研发投入，开发出更贴合该地区消费者需求的产品。同时，市场营销部门也可根据这一趋势，制定针对性的市场拓展策略，在该地区加大天然护肤品的推广力度，提升品牌在当地的市场份额。

2018—2022年彩妆品牌市场占有率变化

品牌	2018年	2019年	2020年	2021年	2022年
花西子	2	2.9	5.1	6.7	6.2
欧莱雅	6.7	5.9	5.9	5.7	5.8
YSL	3.3	3.7	3.8	4.3	5.7
迪奥	6	6.1	6	6.1	5.6
美宝莲	10.7	8.5	6.8	4.9	4.4
兰蔻	2.9	3.3	3.4	3.4	3.6
阿玛尼	2.2	3	3.1	3.4	3.3
完美日记	1.6	5.1	6.7	6.3	3.3
3CE	/	0.9	1.8	2.2	2.9
香奈儿	2.7	2.6	2.5	2.8	2.8
卡姿兰	3.8	3.2	2.5	2.6	2.8
Mac	3.2	3.8	3.4	2.9	2.7
Nars	0.7	1.2	1.5	1.9	2.6
雅诗兰黛	2.2	2.5	2.6	2.7	2.6
珂拉琪	0.4	1.1	1.4	2.5	2.3
纪梵希	2.2	2.5	2.3	2.2	2
芭比布朗	1.1	1.2	1.3	1.5	2
毛戈平	0.5	0.7	0.9	1.4	1.8
橘朵	0.6	0.7	1.2	1.8	1.8
Max Factor	2.4	1.9	1.9	1.8	1.8

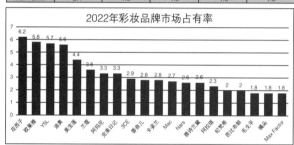

数据来源：Euromonitor丨单位(%)

图5-1　2018—2022年彩妆品牌市场占有率变化

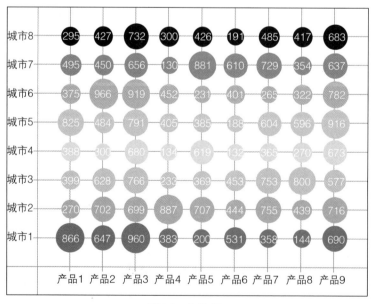

图5-2　气泡图

从理论层面来看，这种多维度市场趋势可视化符合认知心理学中的双通道理论。该理论认为，人类大脑在处理信息时，视觉和听觉等不同通道能够同时对信息进行加工，且通过多种通道获取的信息更易于理解和记忆。多维度信息图表将时间、数值、品类、地区、消费偏好等多种信息维度整合在同一视觉空间中，充分调动了决策者的视觉通道，使其能够在短时间内接收并处理大量相关信息，从而更高效地把握市场趋势，做出明智的战略决策。

竞品对比可视化可以帮助企业在竞争激烈的商业市场中了解竞争对手的产品特点、优势与劣势，是企业制定差异化竞争策略的关键。信息图表为竞品对比提供了一种清晰、直观且易于分析的方式。以智能手机市场为例，某知名手机制造商为了深入了解自身产品在市场中的竞争力状况，制作了一个精心设计的雷达图（图5-3）。该雷达图选取了性能、拍照、续航、外观设计、价格这五个对于智能手机消费者而言至关重要的维度作为坐标轴。针对自家产品以及主要竞品，在每个维度上进行客观评估打分，并将各品牌手机在不同维度上的得分连接起来，形成多边形区域。

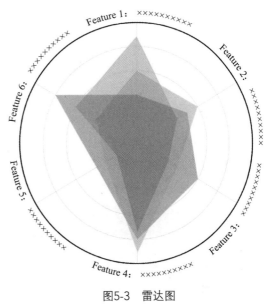

图5-3　雷达图

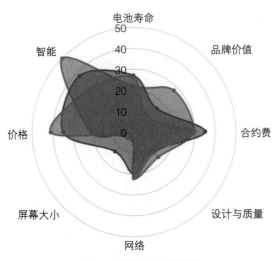

图5-4　手机产品雷达图

通过这一雷达图，该手机制造商能够直观地看到自身产品在各个方面与竞争对手的对比情况。例如，从图中清晰显示该品牌手机在拍照和外观设计方面得分较高，这表明其在这两个领域具有较强的竞争优势。然而，续航能力相对较弱的问题也在雷达图中暴露无遗（图5-4）。基于这一可视化分析结果，企业在后续产品研发过程中，能够有针对性地制定改进策略。一方面，加大对续航技术的研发投入，通过采用更先进的电池技术、优化手机功耗管理系统等方式，提升产品的续航能力，弥补自身短板。另一方面，继续强化在拍照和外观设计方面的优势，进一步提升产品的差异化竞争力，满足消费者对于手机拍照和外观美感的追求。

这种竞品对比可视化的方式，在市场营销理论中与定位理论高度契合。定位理论强调企业需要在消费者心智中占据独特的位置，通过与竞争对手的差异化来吸引目标客户。信息图表呈现的竞品对比结果，可以帮助企业清晰地识别自身产品的定位优势与劣势，从而更好地在市场中找准定位，制定有效的营销策略，提升品牌在消费者心中的认知度和美誉度。

2. 产品营销与推广

在产品同质化日益严重的今天，如何让自家产品在众多竞争对手中脱颖而出，吸引消费者的关注并激发其购买欲望，成为企业营销面临的重要课题。创新的信息图表应用为解决这一问题提供了新的思路，其中，沉浸式产品信息展示方式正逐渐受到企业的青睐。一些高端家具品牌在产品营销过程中，巧妙运用3D互动信息图表技术，为消费者打造了沉浸式的产品体验环境。无论是在品牌官网的线上展示平台，还是线下展厅的实体展示区域，消费者都可以通过触摸屏幕、操作手柄等方式，全方位、360°旋转观察家具产品的外观细节。当消费者点击家具的不同部位时，系统会即时弹出详细的信息图表，对该部位的材质说明、制作工艺介绍以及使用场景搭配建议进行深入展示。

从消费者行为学角度来看，这种沉浸式体验符合体验营销理论。体验营销强调通过为消费者创造独特、难忘的体验，来增强消费者与产品之间的情感连接，从而提升消费者对产品的认知度和购买意愿。3D互动信息图表打造的沉浸式产品展示，让消费者在探索产品的过程中获得了丰富的感官体验和知识获取体验，使消费者不仅仅是在了解一款产品，更是在享受一种与产品互动的过程，从而有效提升了消费者对产品的兴趣和购买意愿。

同时，品牌在市场竞争中，不仅需要向消费者传递产品的功能特性，更要塑造独特的品牌形象，增强消费者对品牌的认同感和忠诚度。信息图表通过故事化的呈现方式，为品牌营销提供了一种创新且有效的手段。某知名咖啡品牌在推出一款新咖啡豆产品时，精心制作了一个故事化的信息图表。该图表以时间线为线索，从咖啡豆的起源地——埃塞俄比亚的古老咖啡种植园开始，逐步展开咖啡豆的发展历程。在每一个关键节点，都配以精美的图片和简洁而生动的文字说明，将咖啡豆的品种演变、被引入不同国家的历史过程以及品牌自身对这款咖啡豆的精心挑选、独特烘焙工艺等信息娓娓道来（图5-5）。

这种故事化营销图表的应用，将产品从单纯的物质层面提升到了情感和文化层面。消费者在阅读图表的过程中，仿佛置身于咖啡的历史长河中，不仅了解了产品本身的特性，更深刻感受到品牌对咖啡品质的执着追求以及背后蕴含的深厚文化底蕴。从品牌传播理论来看，故事化营销符合情感共鸣理论。该理论认为，当品牌能够通过故事与消费者建立情

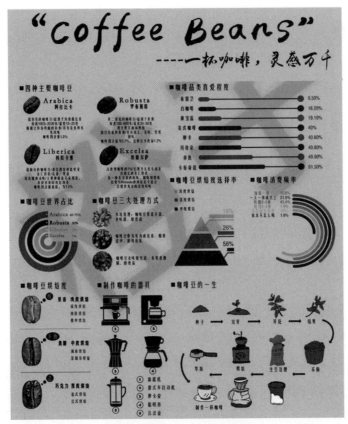

图5-5　咖啡故事化信息图表

感连接，引发消费者的情感共鸣时，消费者对品牌的认同感和忠诚度将得到极大提升。故事化营销图表正是通过讲述产品背后的故事，触动了消费者的情感心弦，使消费者与品牌之间建立起了更为紧密的联系，从而有效提升了品牌忠诚度。

3. 内部沟通与协作

在企业项目管理过程中，确保项目按时、按质完成是项目团队的核心目标。然而，由于项目涉及多个任务环节、众多团队成员以及复杂的时间进度安排，传统的项目进度管理方式往往难以让所有团队成员清晰、准确地了解项目的整体进展情况，容易导致沟通不畅、协作效率低下等问题。信息图表中的项目进度可视化图表为解决这一难题提供了创新的解决方案（图5-6）。

以软件开发项目为例，项目经理通常会使用甘特图来规划和跟踪项目进度。甘特图以时间作为横轴，将整个软件开发项目按照任务类型进行细致分解，如需求分析、设计、编码、测试等阶段，每个任务以水平条状图表示。条状图的长度精确代表任务的预计持续时间，并且在图表中清晰标注了每个任务的开始时间、结束时间以及负责该任务的团队成员姓名。

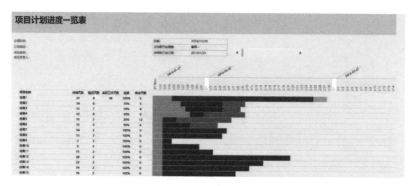

图5-6　项目进度甘特图

通过甘特图，项目团队的每一位成员都能够一目了然地了解整个项目的进度安排。他们可以清晰地看到自己负责的任务在项目整体流程中的位置和时间节点，从而提前做好工作准备，合理安排个人工作进度。同时，甘特图也为项目经理提供了一个直观的项目监控工具。当某个任务的条状图超出预计时间范围时，项目经理能够迅速发现项目中的延误风险，并及时采取相应措施进行调整。例如，与负责该任务的团队成员沟通了解延误原因，协调额外资源支持，或者对后续任务的时间安排进行重新规划，以确保项目能够顺利推进。

从项目管理理论角度分析，项目进度可视化图表与项目沟通管理理论紧密相关。项目沟通管理强调在项目团队内部建立有效的信息传递机制，确保项目信息能够准确、及时地传达给每一位相关人员。甘特图作为一种直观的项目进度信息可视化工具，打破了项目团队内部信息沟通的壁垒，使项目进度信息能够在团队成员之间高效流通，有效提升了团队成员之间的沟通协作效率，保障了项目的顺利进行（图5-7）。

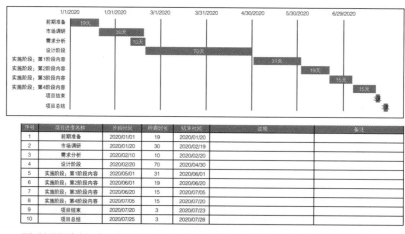

图5-7　项目时间节点规划计划进度甘特图

　　再例如销售业绩分析图表，销售部门作为企业实现盈利的关键部门，对销售业绩的准确分析和及时把握对于企业的生存与发展至关重要。信息图表在销售业绩分析中的创新应用，为销售团队提供了一种高效、直观的数据分析与决策支持工具。某大型零售企业通过构建销售业绩仪表盘，实现了对销售数据的实时、可视化呈现。销售业绩仪表盘以圆形图表为主体框架，圆心位置显示企业的总销售额，直观地反映出企业销售业绩的总体规模。圆周部分则被分割为不同的扇形区域，每个扇形区域代表不同产品线的销售额占比情况，通过扇形面积的大小对比，能够清晰地看出各产品线在企业销售业绩中的贡献程度（图5-8）。

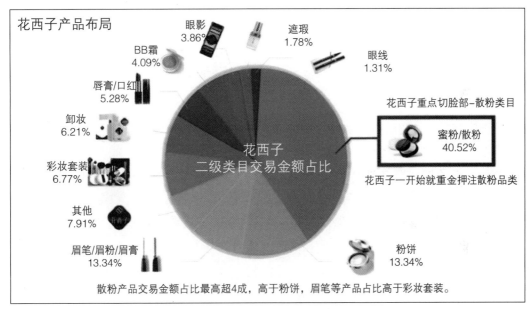

图5-8　花西子品牌二级类目交易金额占比

数据来源于公开网络

　　此外，销售业绩仪表盘还可以配备折线图用于展示月度销售额的变化趋势，让销售团队能够直观地了解销售业绩随时间的波动情况，分析销售增长或下滑的规律。同时，柱状图被用于对比不同地区的销售业绩，通过柱状的高度差异，迅速识别出销售业绩突出的地区以及销售表现不佳的地区。通过查看销售业绩仪表盘，销售团队成员能够快速了解企业销售业绩的整体情况，准确发现销售增长或下滑的产品线和地区。例如，当发现某地区销售额近期持续下降时，销售经理可以依据仪表盘提供的信息，进一步深入分析该地区的销售数据，如不同产品在该地区的销售情况、消费者购买行为的变化等，从而找出销售额下降的原因，并制定相应的改进策略。从销售管理理论来看，销售业绩分析图表与销售数据分析理论相契合。销售数据分析强调通过对销售数据的收集、整理、分析，挖掘数据背后的信息，为销售决策提供依据。销售业绩仪表盘这种直观的信息图表展示方式，极大地提高了销售数据的可读性和可分析性，可以帮助销售团队更高效地进行数据分析，从而做出更科学、合理的销售决策，提升企业的销售业绩和市场竞争力。

（二）新闻媒体中的数据故事化呈现

信息图表设计助力新闻媒体数据故事化呈现的方式有以下几种方式。

1. 时间轴信息图表构建事件发展脉络

时间轴式信息图表在新闻报道中常用于展示事件的发展历程。它以时间为线索，将重要事件节点按顺序排列，并在每个节点上配以简洁的文字说明和相关的数据信息。这种信息图表能够让受众清晰地看到事件在时间维度上的演进过程，理解事件的起因、经过和结果之间的逻辑关系。例如，在报道某重大历史事件的周年纪念时，新闻媒体制作了一个跨度长达数十年的时间轴信息图表。从事件的起源开始，每一个关键年份都在时间轴上清晰标注，旁边配以图片和简短文字描述当年发生的与该事件相关的重要事件以及对应的统计数据（图5-9）。

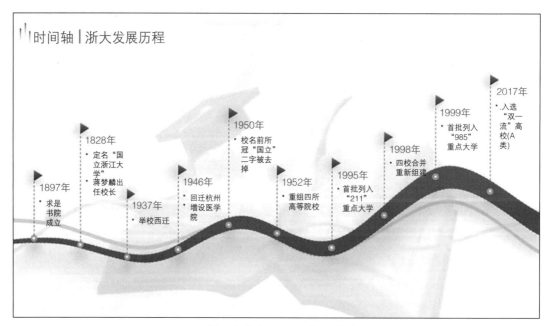

图5-9 浙江大学发展历程时间轴信息图表

2. 地图式信息图表展现空间分布与关联

地图式信息图表在涉及地理空间信息的新闻报道中应用广泛。它通过在地图上标注不同区域的相关数据，以颜色、符号、大小等视觉元素来表示数据的差异，从而直观地展现出事件或现象在空间上的分布情况以及不同区域之间的关联。

3. 对比式信息图表突出数据差异与变化

对比式信息图表通过将不同对象或同一对象在不同时期的数据进行对比展示，能够突出数据之间的差异和变化，帮助受众快速理解数据所反映的现象和趋势。它可以采用柱状图、折线图、饼图等多种图表形式进行对比呈现。在报道不同城市的经济发展水平时，新闻媒体使用了柱状图对比信息图表。选取多个具有代表性的城市，以城市名称为横轴，以GDP总量、人均可支配收入、产业结构占比等经济指标为纵轴，用不同颜色的柱状分别表示每个城市在各项指标上的数据。通过这种对比，受众可以一目了然地看到不同城市在经济发展方面的优势和差距。例如，从图表中可以清晰地看出，某些城市在高新技术产业方面占比较高，GDP增长迅速，而另一些城市则在传统制造业或服务业方面更为突出，人均可支配收入水平也有所不同。这种对比式信息图表为受众提供了直观的数据比较，有助于他们深入分析不同城市经济发展的特点和趋势（图5-10）。

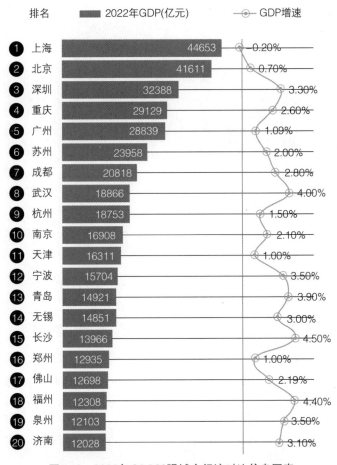

图5-10　2022年GDP20强城市经济对比信息图表

信息图表设计在不同类型新闻报道中的数据故事化呈现案例有很多，例如：深度报道中的数据解读与故事构建深度报道往往涉及复杂的社会问题或事件，需要对大量的数据进行深入分析和解读。信息图表设计能够将这些数据转化为生动的故事，帮助受众更好地理解报道的核心内容。以关于全球气候变化的深度报道为例，某知名新闻媒体制作了一系列信息图表。首先，通过时间轴图表展示了过去一个世纪以来全球平均气温的变化趋势。从1900年开始，每十年为一个时间节点，以柱状图表示该时间段内的平均气温数值，并用折线连接各个节点，清晰地呈现出气温逐渐上升的趋势。同时，在时间轴下方，配以图片和文字说明每个时期发生的与气候变化相关的重大事件（图5-11）。

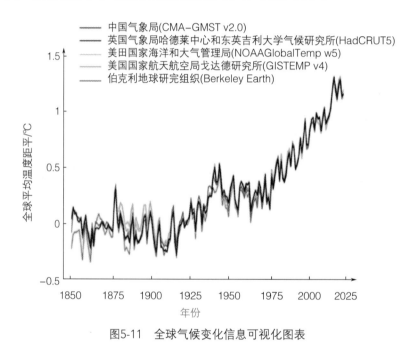

图5-11　全球气候变化信息可视化图表

在突发新闻事件中，实时数据的快速准确传递至关重要。信息图表设计能够将实时数据以可视化的方式呈现，为受众讲述事件的动态发展故事。在突发自然灾害事件的报道中，新闻媒体同样运用信息图表进行实时数据可视化。例如，在地震报道中，通过动态地图实时显示地震震中的位置变化（如果是余震频繁的情况），震级大小用不同颜色和大小的圆形标注在地图上。同时，以折线图展示地震发生后不同时间点的地震波强度变化，以及柱状图呈现受灾区域的人口密度、建筑物受损数量等数据。随着救援工作的推进，信息图表还会实时更新救援队伍的分布、物资投放数量等信息。这些在突发新闻中运用的信息图表，能够让受众在第一时间获取事件的关键信息，跟随图表的动态变化了解事件的发展过程，增强了新闻报道的时效性和吸引力，使受众仿佛身临其境般感受事件的发展。

民生新闻中的数据可视化与日常生活故事呈现中，民生新闻关注的是老百姓日常生活中的方方面面，信息图表设计能够将与民生相关的数据转化为贴近生活的故事，让受众更容易产生共鸣。在关于城市交通拥堵问题的民生新闻报道中，新闻媒体可以制作时间-空间复合式信息图表。以城市地图为背景，用不同颜色的线条表示不同道路的拥堵程度，红色表示严重拥堵，黄色表示中度拥堵，绿色表示畅通，展示一天中不同时间段各条道路的拥堵情况变化，例如，在早高峰时段，主要通勤道路如城市主干道和连接居住区与商业区的道路会呈现大面积红色，而到了深夜，大部分道路则变为绿色。

在关于食品安全问题的民生新闻中，新闻媒体制作了对比式信息图表。选取市场上常见的食品种类，如蔬菜、肉类、奶制品等，以食品类别为横轴，以农药残留量、兽药残留量、添加剂使用量等安全指标为纵轴，用柱状图对比不同食品在各项安全指标上的数据情况。同时，附上食品安全标准的参考线，让受众直观地了解哪些食品存在安全隐患，以及超标情况的严重程度。这些民生新闻中的信息图表，将抽象的数据与受众的日常生活紧密联系起来，使受众能够清晰地了解与自己生活息息相关的问题，引发对民生问题的关注和思考，同时也为政府部门和相关机构解决民生问题提供了数据参考和舆论支持。

信息图表设计对新闻媒体数据故事化呈现效果的提升中，大幅度的增强信息传递的效率与准确性。信息图表设计将复杂的数据转化为直观的视觉形式，能够大大提高信息传递的效率。受众无需花费大量时间阅读和分析冗长的文字和复杂的数字表格，只需通过观察图表，就能快速获取关键信息。同时，信息图表能够准确地表达数据之间的关系和趋势，避免了因文字表述可能产生的歧义。例如，在经济数据报道中，用折线图展示股票指数在一段时间内的波动情况，受众能够一目了然地看到指数的上升或下降趋势，以及波动的幅度大小。相比文字描述，图表能够更精准地传达数据信息，使受众在短时间内对经济形势有清晰的认识，并且深度引发受众的情感共鸣与参与度，优秀的信息图表设计不仅能够传递数据信息，还能通过故事化的呈现方式引发受众的情感共鸣。当受众在信息图表中看到与自己生活相关、感兴趣的话题，或者感受到图表所传达的情感氛围时，他们更容易产生情感共鸣，从而更加关注新闻报道。

（三）教育领域中的信息图表辅助教学

在传统教学模式中，教师主要依靠文字讲解和黑板板书来传授知识，然而面对日益复杂的知识体系和多样化的学生学习需求，这种方式往往显得力不从心。学生在学习过程中可能会因为难以理解抽象概念、把握知识脉络而产生学习困难。信息图表设计凭借其直观、形象、生动的特点，能够将复杂的知识内容以简洁明了的方式呈现出来，帮助学生更好地理解和记忆知识，激发学生的学习兴趣，提高学习效率。它不仅为教师提供了一种新的教学手段，也为学生创造了一种更加高效、有趣的学习体验。主要应用体现为以下几点。

1. 概念可视化

在各学科教学中，存在大量抽象的概念，学生理解起来较为困难。信息图表可以将这些抽象概念转化为具体的视觉形象，帮助学生建立直观认知。以生物学中的细胞结构概念为例，教师在讲解时可以使用三维立体信息图表。图表以逼真的动画形式展示细胞的内部结构，细胞膜、细胞质、细胞核、线粒体、内质网等主要结构通过不同颜色和形状进行区分。当鼠标悬停在某个结构上时，会弹出详细的文字说明，介绍该结构的功能和特点。例如，对于线粒体，文字说明会强调其作为细胞"能量工厂"的作用，通过有氧呼吸为细胞提供能量，并展示线粒体内部的嵴结构如何增加反应面积以提高能量生产效率。这种可视化的概念呈现方式，使学生能够清晰地看到细胞各结构的形态和位置关系，深入理解每个结构的功能，相较于单纯的文字描述，学生对细胞结构概念的理解更加深刻、准确（图5-12）。

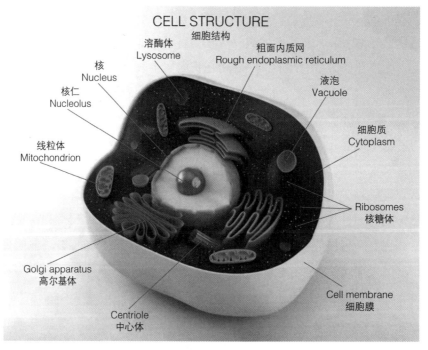

图5-12　细胞结构可视化信息图表

2. 梳理知识关系

各学科知识之间存在着复杂的逻辑关系，信息图表能够清晰地梳理这些关系，帮助学生构建知识体系。在历史学科中，世界历史的发展涉及众多国家、事件和时间节点，学生容易混淆。教师可以制作时间轴与思维导图相结合的信息图表帮助学生理解。以世界近代史为例，以时间轴为基线，从14世纪文艺复兴开始，依次标注出大航海时代、英国资产阶级革命、美国独立战争、法国大革命、工业革命等重要历史事件的时间点。在每个时间点上，通过思维导图展开该事件的背景、原因、主要过程、重要人物以及影响等详细信息。通过这种信息图表，学生能够清晰地看到世界近代史发展的时间脉络，以及各个历史事件之间的因果关系和相互影响，从而构建起系统、完整的世界近代史知识体系（图5-13）。

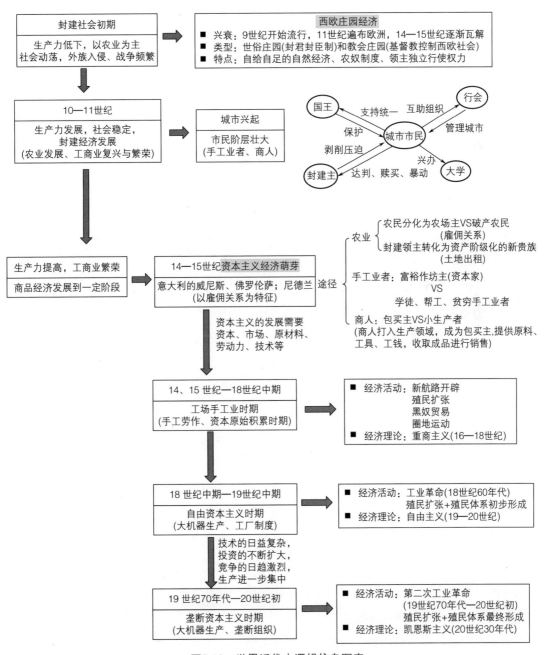

图5-13　世界近代史逻辑信息图表

3. 学生学习情况评估

教师可以利用信息图表对学生的学习情况进行分析，了解学生对知识的掌握程度、学习进度以及学习过程中存在的问题。以数学学科的考试成绩分析为例，教师可以制作成绩分布直方图和雷达图。成绩分布直方图以分数段为横坐标，以每个分数段内的学生人数为纵坐标，绘制出不同分数段学生人数的分布情况。通过直方图，教师可以直观地看到班级学生成绩的整体分布状态，如成绩是否呈现正态分布，高分段、中分段和低分段学生的比例情况等。同时，为了进一步分析学生在不同知识模块的掌握情况，教师可以制作雷达图。雷达图以数学知识模块（如代数、几何、统计等）为坐标轴，每个坐标轴上的数值表示学生在该知识模块的平均得分率。通过雷达图，教师能够清晰地看出学生在哪些知识模块上表现出色，哪些知识模块存在薄弱环节。例如，如果雷达图显示学生在几何知识模块的得分率较低，教师就可以有针对性地调整教学策略，增加几何知识的复习和练习时间，或者采用更有效的教学方法帮助学生提升对几何知识的理解和掌握能力。

4. 教师教学效果评估

信息图表可以帮助教师反思教学过程，改进教学方法。教师可以制作教学内容与学生掌握情况对比信息图表。以某章节的教学内容为横轴，将该章节的知识点进行详细罗列，如在物理"力学"章节中，包括力的概念、重力、弹力、摩擦力、力的合成与分解等知识点。以学生对每个知识点的掌握程度为纵轴，通过课堂提问、作业完成情况、测试成绩等方式进行量化评估，用不同颜色的柱状图表示不同班级或不同学习小组学生对各知识点的掌握程度。通过这样的图表，教师可以清晰地看到哪些教学内容学生掌握得较好，哪些内容学生存在理解困难。例如，图表显示学生对力的合成与分解知识点的掌握程度普遍较低，教师就可以反思在教学过程中对这部分内容的讲解是否清晰，教学方法是否得当，是否需要增加相关的例题讲解和练习巩固（图5-14）。

此外，教师还可以制作教学方法与学习效果关联信息图表。以不同的教学方法（如讲授法、讨论法、探究法、项目式学习法等）为横轴，以采用不同教学方法后的学生学习成绩提升率、课堂参与度、学习兴趣反馈等指标为纵轴，用折线图或柱状图展示不同教学方法与学习效果之间的关系。通过分析这样的图表，教师可以了解哪种教学方法在提升学生学习效果方面最为有效，从而在今后的教学中更加合理地选择和运用教学方法。例如，图表显示采用项目式学习法后，学生的学习兴趣反馈和成绩提升率都较高，教师就可以考虑在更多的教学内容中引入项目式学习法，以提高整体教学效果。

5. 智慧校园教育可视化平台

管理者能够通过信息图表实时监控校园内的各项关键指标，如学生出勤率、教室使用情况、能源消耗等，及时发现和解决潜在问题，提升管理效率与决策精准度，实时监控与

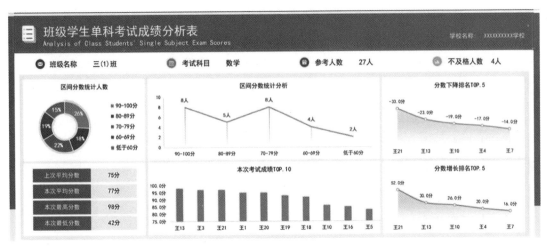

图5-14　班级学生单科考试成绩分析表

快速响应的作用。通过图形化展示，管理者可以直观了解教学、管理、服务等方面的数据，有助于更迅速地做出决策和调整策略。智慧校园可视化平台能够集成来自校园内各个系统的数据，如教务系统、一卡通系统、安防系统等，实现数据的统一管理和分析，避免了数据孤岛现象，提高了数据利用率和跨部门协作效率。通过数据分析，平台能够预测并发出预警信息，如学生成绩下滑预警、设备故障预警等，为管理者提供决策支持。管理者可以根据历史数据和实时数据，制定更加科学合理的校园管理策略（图5-15）。

图5-15　高校智慧教育可视化平台

智慧校园可视化平台可以将校园设施利用情况、资源分布等以图表形式呈现，有助于高效管理校内资源，优化资源配置与降低运营成本。例如，图书馆管理员可以实时查看馆内各个区域的资源利用情况，借阅热度等，为资源规划提供直观数据支持。管理者可以通过智慧校园可视化平台实时监控校园内的安防系统，如摄像头、门禁系统等，当发生异常情况时，平台能够自动发出预警信息，并展示相关监控画面，帮助管理者迅速定位并处理安全隐患，增强校园安全与应急响应能力。实现校园全息可视、综合调度、应急指挥等可视、可管、可控的运营模式，有助于提高校园应对突发事件的能力，保障师生安全。该平台还可以促进校园文化与社区建设，利用社交平台或应用，将学生、教师和家长的交流信息以图形化形式展示，促进信息互通和校园社交，有助于营造更加活跃的校园文化氛围，增强师生之间的交流与互动。智慧校园可视化平台可以根据师生的需求和偏好，提供个性化的数据可视化方案和服务，提升师生的校园生活体验（图5-16）。

图5-16　智慧校园数据中心大屏

第二节　信息可视化的发展前景

信息可视化不仅是技术的进步，更是人类认知能力的延伸。从威廉·普莱费尔的折线图到今日的动态交互系统，它始终以"简化复杂、揭示本质"为使命。未来，随着AI、

AR等技术的突破，信息可视化将从"辅助决策"迈向"主动洞察"，成为推动科学发现、商业创新与社会治理的核心力量。正如数据科学家斯蒂芬·费所言："可视化不是艺术，而是思考的工具。"在这个数据驱动的时代，我们正站在视觉认知革命的门槛上，而信息可视化，正是开启未来的钥匙。

以"信息可视化"作为核心主题词，以"北大核心、CSSCI"为文献来源进行精准的关键词检索，采撷中国知网（CNKI）数据库，并对文献进一步梳理，剔除相关性较小的文献，选取2018—2025年的相关文献，得到符合条件的文献524篇，导出为Refworks格式。使用CiteSpace这一研究工具，对转化后的文献数据从文献中关键词共现性方面绘制信息可视化相关研究进展知识图谱（图5-17）并对其进行可视化分析。

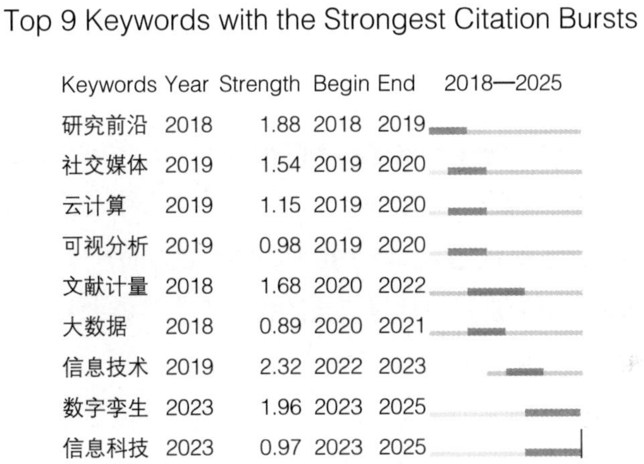

Top 9 Keywords with the Strongest Citation Bursts

Keywords	Year	Strength	Begin	End	2018—2025
研究前沿	2018	1.88	2018	2019	
社交媒体	2019	1.54	2019	2020	
云计算	2019	1.15	2019	2020	
可视分析	2019	0.98	2019	2020	
文献计量	2018	1.68	2020	2022	
大数据	2018	0.89	2020	2021	
信息技术	2019	2.32	2022	2023	
数字孪生	2023	1.96	2023	2025	
信息科技	2023	0.97	2023	2025	

图5-17 信息可视化2018—2025年相关研究的关键词突现图

针对信息可视化2018—2025年相关研究的关键词突现图进行分析，2018—2020年是基础技术与场景融合探索阶段。2018年"研究前沿"以1.88的爆发强度出现，表明领域正处于探索新兴方向的活跃期，为后续发展奠定理论基础。2019年"社交媒体"（强度1.54）、"云计算"（强度1.15）、"可视分析"（强度0.98）集中爆发。云计算技术为信息可视化提供数据存储与处理支撑，推动大规模数据可视化实现，社交媒体场景下，可视化在用户行为分析、传播效果呈现等方面的应用需求凸显，体现技术与具体场景的初步融合。2020—2022年是研究方法与数据处理深化阶段。2020年"文献计量"以1.68的爆发强度出现，且持续至2022年，反映信息可视化领域通过文献计量分析梳理学科发展脉络、热点趋势，强化理论研究体系。2020年"大数据"（强度0.89）爆发，持续至2021年，表明随着数据量激增，领域对大数据处理技术（数据清洗、分析建模）的依赖加深，为更复杂的可视化应用提供数据处理基础。2022—2025年是新兴技术驱动智能应用升级阶段。2022年"信息技术"以2.32的高强度爆发，持续至2023年，体现信息可视化对人工智能、区块链等综合信息技术的整合，推动可视化向智能化、自动化发展。2023年"数字孪生"（强度1.96）与"信息科技"（强度0.97）成为热点，且持续至2025年。数字孪生技术通过构建虚拟映射模型，使可视化从静态展示转向动态模拟、预测分析。信息科技的综合发展，进一步推动可视化在智慧医疗、智能交通等前沿领域的深度应用，标志领域从"数据呈现"向"智能决策支持"升级。

整体来看，视觉可视化领域技术融合与应用拓展趋势显著，新兴技术成为新增长点，近年呈现"从基础技术融合到新兴技术突破"的发展路径，不断拓展应用边界，强化技术与学术研究、前沿场景的结合。

（一）信息可视化技术的革新与融合

随着技术的不断革新与突破，信息可视化领域正经历着一场深刻的变革。其不仅在技术上取得了显著的进步，更在与其他先进技术的融合中，形成了更为强大、多元且富有活力的应用生态。

人工智能与机器学习的融合为信息可视化带来了前所未有的变革。人工智能（Artificial Intelligence，AI）是指由计算机系统模拟人类智能的技术，其目标是使机器能够执行通常需要人类智能才能完成的任务，如推理、学习、问题解决等。机器学习（Machine Learning，ML）则是人工智能的子集，专注于开发算法让计算机从数据中自动学习规律，而无需显式编程。机器学习可进一步分为监督学习即基于标注数据训练模型、无监督学习即从未标注数据中发现模式和强化学习即通过试错与环境交互学习。这些技术为信息可视化提供了强大的分析引擎，使数据探索从静态呈现转向动态预测。人工智能技术的快速发展，使得信息可视化工具能够智能地分析数据特征，根据用户的偏好和认知习惯，动态生成最适合的信息图表。这种个性化的信息呈现方式，能够提高信息传递的精准性和高效性，极大地优化用户的可视化体验。AI算法能够基于用户行为的实时反馈，不断学习和优化图表设计，确保每一次呈现都能满足用户的需求。同时，机器学习（ML）技术更是从海量数据中挖掘出隐藏的模式和趋势，为决策者提供了更为深入的洞察和预测。这种智能化的信息可视化方式，正在逐步成为连接数据与人、推动知识创新与社会进步的重要力量。

虚拟现实（VR）与增强现实（AR）技术的引入也为信息可视化开辟了全新的维度。传统的二维平面展示方式已经无法满足用户对沉浸式体验的追求。而VR和AR技术则能够突破这一限制，使用户能够在虚拟空间中直观感受数据关系和信息流动。虚拟现实（VR）技术通过头戴显示器（HMD）、追踪设备和三维建模技术，将用户完全包裹在虚拟环境中。其核心原理是利用双眼视差和头部追踪，实时生成与用户动作同步的3D画面，配合空间音频和触觉反馈，创造身临其境的沉浸感。根据设备形态，VR可分为三类。

① 外接式头戴设备：需连接高性能计算机，提供高精度定位和优质画质，但受限于线缆，如HTC Vive、Oculus Rift（图5-18）。

② 一体式头戴设备：集成处理器和电池，摆脱线缆束缚，适合移动场景，如Meta Quest系列（图5-19）。

③ 移动端头显：通过手机作为显示终端，成本低但体验有限，如Google Cardboard。

VR技术的应用场景已从早期的游戏、影视扩展至教育、医疗等领域。

图5-18　HTC Vive全新推出的VIVE Focus Vision

图5-19　Meta Quest 3S混合现实头显

增强现实（AR）与虚拟现实（VR）的完全沉浸不同，AR主要通过摄像头和传感器将虚拟信息叠加在现实场景中。其核心技术包括三维注册（确保虚拟物体与现实环境精准对齐）、实时渲染（动态更新虚拟内容）和自然交互（手势控制和语音指令）。AR设备主要分为两类。

① 光学透视式：通过半透明镜片直接叠加虚拟影像，用户可同时观察现实与虚拟。

② 视频透视式：通过摄像头采集现实画面，再叠加虚拟信息。

AR的典型应用包括工业维修中的实时故障提示、教育中的历史场景复原，以及零售中的虚拟试穿。IKEA Place是宜家推出的一款增强现实应用程序，用户可通过手机摄像头扫描家中环境，基于苹果ARKit技术，应用自动识别地面和空间结构，确保家具摆放位置精准（精度达98%），将宜家家具以1：1真实比例3D模型投射到实际空间中，查看尺寸、颜色和风格是否合适，并且支持多角度调整、移动和旋转家具，甚至可模拟不同光照条件下的效果（图5-20）。三维立体的可视化方式，不仅增强了用户的沉浸感和互动性，还使得信息传达更加生动、有趣。在教育领域，VR、AR技术能够帮助学生更好地理解复杂的概念和理论，提高教学效果和学习效率。在医疗领域，医生则可以通过VR、AR技术模拟手术过程，降低手术风险，提高医疗质量。

图5-20　宜家的IKEA Place应用程序

　　因此，信息可视化技术的革新与融合正在推动其向更加智能化、个性化和沉浸式的方向发展。未来，随着技术的不断进步和应用场景的不断拓展，信息可视化将在更多领域发挥重要作用，为人们提供更加直观、易懂且富有洞察力的信息展示方式，实现更深层次的智能化与个性化，为决策者提供更加精准的洞察和支持。同时，信息可视化也将与其他先进技术进一步融合，形成更加多元和强大的应用生态。在应对数据隐私保护、信息过载处理等挑战的过程中，信息可视化技术将不断发展和完善，为人类社会的进步和发展做出更大贡献。

（二）跨领域融合与创新设计案例

　　随着技术的不断革新与突破，信息可视化领域正经历着一场深刻的变革。其不仅在技术上取得了显著的进步，更在与其他先进技术的融合中，形成了更为强大、多元且富有活力的应用生态。产生了许多富有创意的跨领域融合与创新设计案例，可以扫码进行拓展学习。

跨领域融合与
创新设计案例

（三）未来信息图表设计的发展趋势

在数字化转型的浪潮中，信息图表作为数据与人类认知之间的桥梁，正经历着前所未有的变革。随着数据量的爆炸式增长，传统二维图表已难以满足复杂数据分析的需求。技术的突破与用户需求的升级共同推动着信息图表设计迈向新的阶段。

1. 沉浸式技术重塑数据呈现方式

随着增强现实（AR）与虚拟现实（VR）技术的成熟，信息图表设计正从二维平面向三维沉浸式体验跨越。AR技术通过将虚拟图表叠加于现实场景，使数据呈现更具空间感。而VR技术更进一步构建了全封闭的虚拟空间，用户可通过手势或肢体动作与数据交互，如在虚拟会议室中"抓取"柱状图进行缩放，或通过旋转3D模型分析复杂数据关系。硬件设备的迭代与成本下降加速了这一趋势的普及。

2. 数据叙事与智能分析的协同进化

数据叙事不再局限于简单的图表加文字说明，而是通过智能算法实现动态化、个性化的故事构建。AI技术能够自动分析数据特征，生成匹配的叙事逻辑。

3. AI驱动的自动化设计与个性化推荐

人工智能正推动信息图表设计从"手工定制"向"智能生成"转型。Adobe推出的AI工具可自动识别数据类型并生成推荐模板，用户只需输入数据，即可获得包含图表、配色方案和排版的完整设计方案。例如输入销售数据后，系统会自动判断使用折线图展示趋势，并用热力图对比区域差异，同时根据品牌调性推荐配色组合。这种技术降低了设计门槛，使非专业人员也能快速制作高质量图表。机器学习算法可以通过分析用户行为优化推荐策略，系统可根据用户历史操作记录，推测其偏好的图表风格，并在生成时优先展示相关模板。此外，个性化推荐还延伸至数据维度的选择，AI能识别用户关注的关键指标，自动过滤冗余信息，确保图表聚焦核心洞察。

4. 交互式动态图表的深度应用

交互式动态图表已从简单的点击筛选演进为多维度数据探索工具。用户可通过拖拽、缩放、滑动等手势实时调整数据展示方式，例如在时间序列图中滑动选择特定时段，或通过拖拽坐标轴切换分析维度。动态交互不仅提升了用户参与感，还能揭示数据间的隐藏关联。在分析用户行为数据时，点击某一用户群体标签，系统会同步更新所有相关图表，展示该群体在不同维度下的表现差异。实时数据更新技术进一步增强交互的时效性。

5. 跨平台适配与多终端优化

信息图表的使用场景日益多元化，从PC端到移动端，再到智能穿戴设备，设计需兼顾不同终端的交互特性。2025年的可视化工具支持自动适配屏幕尺寸和分辨率，例如手机端图表采用简洁的单栏布局，而平板端则切换为多模块仪表盘。响应式设计（Responsive Design）技术使图表在不同设备上保持视觉一致性，同时优化触控操作体验，移动端图表增加手势缩放和滑动翻页功能。跨平台兼容性也扩展至数据交互层面。用户可在手机上初步分析数据，标记关键洞察，随后在桌面端继续深入挖掘，系统自动同步进度。这种无缝衔接的体验提升了协作效率，尤其适用于跨部门团队的数据分析项目。信息图表未来将成为全渠道数据展示的统一入口，支持用户在任意终端获取个性化的数据视图。

▶ 未来信息图表
发展趋势案例 ◀

技术的融合创新与用户需求的升级正重塑信息图表设计的边界。从AR、VR的沉浸式体验到AI驱动的智能洞察，从实时动态图表到个性化叙事，信息图表正从工具演变为连接数据与决策的智能生态，未来信息图表发展趋势案例可扫二维码进行拓展学习。企业与设计者需以开放的心态拥抱变革，在技术浪潮中把握机遇，共同书写数据可视化的新篇章。

参考文献

[1] 唐建新 . 基于群集智能的社会网络影响力最大化问题研究 [D]. 兰州大学，2019.

[2] 曾悠 . 大数据时代背景下的数据可视化概念研究 [D]. 浙江大学，2014.

[3] 李卓霖 . 统计数据图形化方法及其应用 [D]. 重庆大学，2015.

[4] 李蕊 . 梦与电影的审美研究 [D]. 四川师范大学，2012.

[5] 吴蓓 . 以用户体验为导向的数据可视化设计研究 [D]. 武汉理工大学，2016.

[6] 杜雅文 . 大数据环境下信息界面信息流的可视化图形机制研究 [D]. 东南大学，2015.

[7] 张晶琪 . 地图可视化在乔家大院研究及保护中的应用探析 [D]. 中北大学，2020.

[8] 王梧权 . 具有风格特征的信息可视化设计和算法 [D]. 天津大学，2017.

[9] 李学娟 . 乐谱的历史嬗变及在中西方音乐史上的美学特征与地位比较研究（上）[J]. 北方音乐，2019，39（21）：1-4+11.

[10] 朱冬玥 . 交互式信息图形设计应用研究 [D]. 青岛理工大学，2019.

[11] 李辉 . 浅析现代装饰人物画的形式美 [J]. 戏剧之家，2015（15）：167.

[12] 康菲 . 信息可视化设计在旅游景区中的应用与探索 [D]. 东华大学，2014.

[13] 邹扬科 . 信息可视化及其在门票设计中的应用研究 [D]. 西南交通大学，2013.

[14] 王苗苗 .CPU 调度可视化研究 [D]. 山东大学，2013.

[15] 布红艳，王国胤，董振兴 . 邮件系统中的兴趣漂移混合模型 [J]. 计算机工程与设计，2011，32（12）：4026-4029.

[16] 张玲珠，张谦 . 浅析电影海报设计中的视觉要素 [J]. 电影文学，2011（11）：138-139.

[17] 赖步英 . 数字图像隐藏及其保密传输 [J]. 广州航海高等专科学校学报，2010，18（01）：33-35.

[18] 臧传真，范玉顺 . 基于智能物件的制造企业复杂事件处理研究 [J]. 计算机集成制造系统，2007（11）：2243-2253.

[19] 唐晓瑜 . 智能数据可视化系统中自动化图表推导技术的设计与实现 [D]. 浙江大学， 2016.

[20] 张昕，袁晓如 . 树图可视化 [J]. 计算机辅助设计与图形学学报，2012，24（09）：1113-1124.

[21] 金蓓弘，李松领 . 统一建模技术研究 [J]. 计算机应用研究，2004（09）：30-32+36.

《信息传达设计》

项目实训手册

学校: _____

班级: _____

姓名: _____

化学工业出版社

·北京·

项目实训手册使用说明

  活页式训练手册能够帮助教师依据学校自身的特色定位、专业的差异化需求以及学生个体的能力水平状况，灵活自主地对实训内容进行调整与优化，有力地实现教材的定制化使用，可以满足多样化的教学需求。

  本手册着重聚焦于实践操作能力的培育，严格依据实训项目开展的逻辑脉络进行系统编排，全力确保理论知识与实践操作的紧密衔接，达成无缝对接的效果。手册围绕特定项目或任务，针对实训流程展开了细致且详尽的规划，还在恰当的节点巧妙穿插关键知识点的讲解内容，促使学生在亲自动手操作的进程中，能够即时回顾过往所学知识，并实现对新知识的有效巩固。

目　录

项目实训一　走进信息可视化

一、项目开展基本信息

1. 项目实训人员：_____班_____

2. 项目实训时间：第____教学周至第____教学周（____年____月____日至____年___月___日）

3. 项目实训指导教师：_____

4. 项目实训地点：_____

二、项目内容和要求

（1）研究信息可视化的发展历程，制作信息可视化历史发展时间轴。收集信息可视化发展过程中的重要事件和代表性人物。以时间轴的形式呈现这些信息，要求时间轴清晰标注时间节点，对每个事件或人物进行简要介绍，并阐述其在信息可视化历史中的重要贡献。

（2）搜集生活中信息出现的场景，按照文字信息、图形信息、音频信息、视频信息、数据信息这几个类别汇总在一张图片上，每一个类别提供至少三个实例说明其应用。最后根据收集的实例论述为什么信息可视化在当今社会变得越来越重要。

三、项目训练目标

1. 知识目标

（1）掌握信息可视化的发展脉络，清晰认识各阶段标志性成果及其在信息可视化历史进程中的重要意义。

（2）理解信息可视化的核心概念、基本原理与重要性，区分文字信息、图形信息、音频信息、视频信息、数据信息等不同类别信息的特点与应用场景。

2. 技能目标

（1）掌握时间轴制作技能，根据收集的信息可视化发展历程资料，设计并制作出内容详实、逻辑清晰、时间节点标注准确的信息可视化历史发展时间轴。

（2）培养信息收集和整理能力，能够通过多种渠道搜集生活中不同类别信息的应用实例，并进行系统分类汇总。

（3）掌握将实例信息整合在一张图片上的图文排版技能，合理布局，突出重点，使信息展示简洁明了、直观易懂。

四、项目成果提交

（1）PPT成果展示，图文并茂，版面设计清晰、合理、美观。

（2）汇报交流。

五、项目评价和反馈

（1）学生互评自评

（2）教师综合评价

六、任务讲解及实例

（1）信息可视化历史发展时间轴的制作，首先是资料收集，从书籍、论文、专业网站等渠道，挖掘信息可视化发展中的重要事件、代表性人物等；接着是制作时间轴，按时间顺序梳理标注节点，简要介绍内容；最后检查完善，确保时间轴逻辑清晰、信息准确。

（2）了解信息可视化的重要性，可以从生活里找各类信息场景，像文字信息中的书籍、报纸，图形信息的地图、标识，数据信息的财务报表、销售数据统计等，每个类别至少找3个例子（图1）。然后把这些例子整合到一张图里，排好版。结合这些例子，探索信息可视化在现代社会重要的原因。

文字信息 景区门口宣传栏　店铺名称　停车场价格公示牌

图形信息 校园内禁止鸣笛标志　商店标志　商场导视

数据信息 景区地图信息展示　历史信息　产品信息展示墙

图1　生活中的可视化

走进信息可视化	项目名称：				
		实训人员	指导教师	日　期	项目评价：

走进信息可视化	项目名称：	实训人员	指导教师	日　期	项目评价：

项目一评价反馈表

学生自评互评表

班级：			学号：		姓名：	
项目名称：商业展示空间的设计准备						
序号	评价内容	分值	评价标准	自评	互评	
					组员1	组员2
1	实训态度	10	按时出勤，遵守纪律			
2	团队协作	10	集体意识和合作精神			
3	任务完成	40	符合项目任务书要求			
4	成果质量	20	调研报告完成质量情况			
5	汇报展示	20	汇报清晰熟练			
合计						
项目总结与思考：						

教师综合评价表

班级：			学号：		姓名：	
项目名称：商业展示空间的设计准备						
序号	评价内容	分值	评价标准	考核评价	备注	
1	实训态度	10	按时出勤，遵守纪律			
2	团队协作	10	集体意识和合作精神			
3	任务完成	40	符合项目任务书要求			
4	成果质量	20	调研报告完成质量情况			
5	汇报展示	20	汇报清晰熟练			
合计						
项目问题与改进：						

项目实训二 信息图表设计概述

一、项目开展基本信息

1. 项目实训人员：_____班_____
2. 项目实训时间：第____教学周至第____教学周（____年____月____日至____年___月___日）
3. 项目实训指导教师：_____
4. 项目实训地点：_____

二、项目内容和要求

（1）找到一个优秀的信息可视化案例，说明其功能属于信息图表设计的三个主要功能中的哪一个并分析其设计原理，最后尝试模仿其风格自拟主题设计一个信息图表。

（2）以手绘图形的表现方式把统计类、流程类、分解类以及故事类的具体概念呈现出来。旨在通过手绘图形的表现方式，培养学生将抽象的概念具体化、视觉化的能力，深入理解统计类、流程类、分解类以及故事类信息可视化的设计方法和技巧。

三、项目训练目标

1. 知识目标

（1）理解信息图表设计的三大主要功能，能够精准辨别不同信息可视化案例的核心功能属性，掌握各功能在实际应用场景中的价值与作用。

（2）学习优秀信息可视化案例的设计原理，包括色彩搭配、版式布局、图形符号运用、信息层级划分等关键设计要素，明晰设计元素如何协同实现信息有效传达。

2. 技能目标

（1）能够独立寻找并分析优秀信息可视化案例，准确提炼其设计风格、表现手法和信息传达逻辑，并对优秀设计案例的有效模仿与创新。

（2）熟练运用手绘图形的表现方式，将抽象概念转化为直观、易懂的视觉图形，合理运用线条、形状、色彩等手绘元素突出信息重点，优化信息呈现效果。

四、项目成果提交

（1）PPT成果展示，图文并茂，版面设计清晰、合理、美观。
（2）汇报交流。

五、项目评价和反馈

（1）学生互评自评

（2）教师综合评价

六、任务讲解及实例

（1）在网络、书籍等渠道，找到一个优秀的信息可视化案例。找到案例后，判断它属于什么类型的信息图表设计。接着，从色彩搭配、版式布局、图形符号运用、信息层级划分等方面，深入分析它是如何设计的，比如为什么用折线图展示温度变化趋势，色彩又如何区分不同地区数据。最后，模仿这个案例的风格，自己拟定一个主题，设计出一个信息图表，将学到的设计原理运用到实践中。

（2）统计类，可以手绘柱状图来展示不同产品的销售数据；流程类，用箭头和图形表示从原材料到成品的生产流程；分解类，可以是将一个复杂机械手绘拆解，展示各部件组成；故事类，通过连续的手绘场景讲述一个事件的发展。在手绘过程中，要思考如何用线条、形状、色彩等元素，把抽象的概念变得直观易懂。

项目二评价反馈表

学生自评互评表

班级：			学号：			姓名：		
项目名称：商业展示空间的设计准备								
序号	评价内容	分值	评价标准		自评	互评		
						组员1	组员2	
1	实训态度	10	按时出勤，遵守纪律					
2	团队协作	10	集体意识和合作精神					
3	任务完成	40	符合项目任务书要求					
4	成果质量	20	调研报告完成质量情况					
5	汇报展示	20	汇报清晰熟练					
合计								
项目总结与思考：								

教师综合评价表

班级：			学号：		姓名：	
项目名称：商业展示空间的设计准备						
序号	评价内容	分值	评价标准	考核评价	备注	
1	实训态度	10	按时出勤，遵守纪律			
2	团队协作	10	集体意识和合作精神			
3	任务完成	40	符合项目任务书要求			
4	成果质量	20	调研报告完成质量情况			
5	汇报展示	20	汇报清晰熟练			
合计						
项目问题与改进：						

信息图表设计概述	项目名称：	实训人员	指导教师	日　期	项目评价：

信息图表设计概述	项目名称：	实训人员	指导教师	日　期	项目评价：

项目实训三 信息图表设计的内容

一、项目开展基本信息

1. 项目实训人员：_____班_____
2. 项目实训时间：第____教学周至第____教学周（____年____月____日至____年____月____日）
3. 项目实训指导教师：_____
4. 项目实训地点：_____

二、项目内容和要求

（1）优化现有图表内容（包括但不限于导览图、校历、校园地图等），要求包括信息图表的五个共同要素（图2）。

图2 河南工业大学信息可视化设计

（2）以设计一个小型的信息图表，选择一个具有时间线的事件或故事，设计一个信息图表故事板，通过视觉元素讲述整个故事。（注意重点是如何通过布局和视觉元素来突出主次信息）

三、项目训练目标

1. 知识目标

（1）系统掌握信息图表五个共同要素的定义、功能及相互关系，明确各要素在信息图表中的不可或缺性及其对信息有效传达的作用。

（2）学习信息图表故事板的概念、构成要素及设计逻辑，掌握通过视觉元素讲述时间线事件或故事的基本方法，理解如何运用布局和视觉元素突出主次信息，实现故事的清晰表达。

2. 技能目标

（1）能够运用信息图表五个共同要素，对现有导览图、校历、校园地图等图表进行优化，合理调整标题表述、规范数据展示、完善图例注释、丰富视觉元素，提升图表的清晰度、可读性和美观性。

（2）针对具有时间线的事件或故事，熟练运用信息图表故事板设计方法，通过巧妙的布局规划和视觉元素选择，突出关键情节和主要信息，完成具有叙事性和视觉吸引力的信息图表故事板设计。

四、项目成果提交

（1）PPT成果展示，图文并茂，版面设计清晰、合理、美观。

（2）汇报交流。

五、项目评价和反馈

（1）学生互评自评

（2）教师综合评价

六、任务讲解及实例

（1）优化校园地图时，可以先检查标题是否醒目且准确传达图表主题；规范地图上各建筑位置、道路名称等数据信息；添加清晰的图例，标注不同颜色、符号代表的含义；用注释补充特殊区域说明；最后，通过调整色彩搭配、线条样式等视觉元素，让地图更美观易读。

（2）可以选取如科技产品发展历程、历史事件演变这类主题。通过时间轴串联各个关键节点，运用分镜设计呈现不同阶段的特点，再搭配色彩、图形、字体等视觉元素，重点突出主要信息，弱化次要细节，实现用视觉元素讲好故事的目的。

信息图表设计的内容	项目名称：	实训人员	指导教师	日　期	项目评价：

信息图表设计的内容	项目名称：	实训人员	指导教师	日　　期	项目评价：

项目三评价反馈表

学生自评互评表

班级：			学号：		姓名：		
项目名称：商业展示空间的设计准备							
序号	评价内容	分值	评价标准	自评	互评		
					组员1	组员2	
1	实训态度	10	按时出勤，遵守纪律				
2	团队协作	10	集体意识和合作精神				
3	任务完成	40	符合项目任务书要求				
4	成果质量	20	调研报告完成质量情况				
5	汇报展示	20	汇报清晰熟练				
合计							
项目总结与思考：							

教师综合评价表

班级：			学号：		姓名：	
项目名称：商业展示空间的设计准备						
序号	评价内容	分值	评价标准	考核评价	备注	
1	实训态度	10	按时出勤，遵守纪律			
2	团队协作	10	集体意识和合作精神			
3	任务完成	40	符合项目任务书要求			
4	成果质量	20	调研报告完成质量情况			
5	汇报展示	20	汇报清晰熟练			
合计						
项目问题与改进：						

项目实训四　信息图表的制作方法

一、项目开展基本信息

1. 项目实训人员：_____班_____

2. 项目实训时间：第____教学周至第____教学周（____年____月____日至____年____月____日）

3. 项目实训指导教师：_____

4. 项目实训地点：_____

二、项目内容和要求

（1）选择一个特定的非遗项目或一组相关的非遗项目。收集相关非遗的历史背景、地理分布、代表性传承人、特色活动等信息。

思考方向：如何将非遗的文化特色和传统元素融入信息可视化设计中？哪些视觉元素（如图标、色彩、图案）能够代表所选非遗项目？

设计主题：以自己所选非遗项目为主题，创作一幅信息可视化图表。需包括以下内容。

① 地理分布图：显示非遗项目在各地的分布情况。

② 时间线：展示非遗项目的历史发展脉络。

③ 传承人介绍：简要介绍代表性传承人的信息。

④ 活动日历：列出相关的非遗活动或节庆日，方便公众参与。

（2）将传统的地图或游览图进行创新性改造，通过"趣味化"与"故事化"的手法，将其转化为具有流行元素和幽默风格的信息标签。探索如何使这些趣味性地图更具吸引力，同时思考需要增加哪些数据或信息元素来提升其市场卖点。

设计主题：基于地方特色的"美食探险家地图"。

三、项目训练目标

1. 知识目标

（1）了解特定非遗项目的历史背景、地理分布、代表性传承人及特色活动等专业知识，掌握非遗文化的核心内涵与价值体系。

（2）掌握信息可视化设计的基础理论，包括信息整合原则、视觉元素运用方法、图表类型选择及适用场景等，明确如何通过视觉化手段高效传递信息。

2．技能目标

（1）训练信息整合处理能力，熟练收集、筛选和整合非遗项目相关信息，具备将复杂信息提炼转化为可视化内容的能力。

（2）提高视觉元素与布局设计能力，学会运用非遗传统元素设计专属视觉符号，合理搭配色彩与图案，创作出兼具文化内涵与视觉吸引力的非遗信息可视化图表。

四、项目成果提交

（1）PPT成果展示，图文并茂，版面设计清晰、合理、美观。

（2）汇报交流。

五、项目评价和反馈

（1）学生互评自评

（2）教师综合评价

六、任务讲解及实例

（1）尽可能地深入挖掘非遗项目的历史、地理、传承等专业知识，理解视觉元素与非遗文化的内在联系；将收集到的非遗信息，通过地理分布图、时间线等形式，结合非遗传统元素，设计出兼具文化深度与视觉美感的可视化图表，从而实现非遗文化的有效传播。

（2）熟悉地方美食文化，掌握地图设计原理与趣味化设计手法；运用"趣味化""故事化"构思改造传统地图，可以设计幽默风格的信息标签，同时分析市场需求，添加能提升地图市场卖点的元素，让美食地图不仅是地理指引，更成为充满趣味与吸引力的文化产品。

项目四评价反馈表

学生自评互评表

班级：			学号：		姓名：	
项目名称：商业展示空间的设计准备						
序号	评价内容	分值	评价标准	自评	互评	
					组员1	组员2
1	实训态度	10	按时出勤，遵守纪律			
2	团队协作	10	集体意识和合作精神			
3	任务完成	40	符合项目任务书要求			
4	成果质量	20	调研报告完成质量情况			
5	汇报展示	20	汇报清晰熟练			
合计						
项目总结与思考：						

教师综合评价表

班级：			学号：		姓名：	
项目名称：商业展示空间的设计准备						
序号	评价内容	分值	评价标准	考核评价	备注	
1	实训态度	10	按时出勤，遵守纪律			
2	团队协作	10	集体意识和合作精神			
3	任务完成	40	符合项目任务书要求			
4	成果质量	20	调研报告完成质量情况			
5	汇报展示	20	汇报清晰熟练			
合计						
项目问题与改进：						

信息图表的制作方法	项目名称:	实训人员	指导教师	日　期	项目评价:

信息图表的制作方法	项目名称：	实训人员	指导教师	日　期	项目评价：

项目实训五　信息传达设计的跨领域应用与发展前景

一、项目开展基本信息

1. 项目实训人员：_____班_____

2. 项目实训时间：第____教学周至第____教学周（____年____月____日至____年___月___日）

3. 项目实训指导教师：_____

4. 项目实训地点：_____

二、项目内容和要求

（1）利用思维导图设计软件，为你的社交网络创建一个分析图。这个图应该展示你与不同联系人之间的关系，以及你们共同的兴趣或活动。确定至少十个联系人，并为每个人分配一个独特的图标或颜色。使用连接线来表示你与每个联系人的关系强度或互动频率。添加标签或注释来描述你与联系人之间的共同点，如共同兴趣爱好等。

（2）选择三种及以上常用的信息可视化设计软件，用这些软件完成一幅信息可视化的作品，主题自拟。并且简要说明每种软件的特点和适用场景。

三、项目训练目标

1. 知识目标

（1）掌握思维导图工具的逻辑分层与视觉元素应用规则。

（2）熟悉至少3种信息可视化工具的核心功能与操作逻辑，理解不同数据类型适用的可视化形式。

2. 技能目标

（1）熟练使用至少3种可视化工具的基础功能，并掌握多工具协同工作方法。

（2）锻炼思维逻辑能力，能够针对不同数据类型选择合适工具，处理信息过载问题，通过标签、层级来简化复杂关系。

四、项目成果提交

（1）PPT成果展示，图文并茂，版面设计清晰、合理、美观。

（2）汇报交流。

五、项目评价和反馈

（1）学生互评自评

（2）教师综合评价

六、任务讲解及实例

（1）首先需确定至少十个联系人，例如家人、朋友、同事、兴趣伙伴等不同角色，为每人分配独特图标或颜色，便于快速区分关系类型。接着用连接线的粗细表示互动频率，并添加标签标注共同点，如"每周一起健身""共同喜欢摄影"等。通过这种方式，可直观展现自己与不同联系人的关系强度及交集，锻炼逻辑分类与图形化表达能力。

（2）可以选择文章中谈及的信息可视化设计软件，选择自己感兴趣的领域，自拟题目用这些软件完成一幅信息可视化的作品。在使用的过程中感受每种软件的不同特点，分析每种软件的适用场景。

信息传达设计的跨领域应用与发展前景	项目名称：	实训人员	指导教师	日　期	项目评价：

信息传达设计的跨领域应用与发展前景	项目名称:	实训人员	指导教师	日　期	项目评价:

项目五评价反馈表

学生自评互评表

班级：			学号：			姓名：		
项目名称：商业展示空间的设计准备								
序号	评价内容	分值	评价标准		自评	互评		
						组员1	组员2	
1	实训态度	10	按时出勤，遵守纪律					
2	团队协作	10	集体意识和合作精神					
3	任务完成	40	符合项目任务书要求					
4	成果质量	20	调研报告完成质量情况					
5	汇报展示	20	汇报清晰熟练					
合计								
项目总结与思考：								

教师综合评价表

班级：			学号：		姓名：	
项目名称：商业展示空间的设计准备						
序号	评价内容	分值	评价标准	考核评价	备注	
1	实训态度	10	按时出勤，遵守纪律			
2	团队协作	10	集体意识和合作精神			
3	任务完成	40	符合项目任务书要求			
4	成果质量	20	调研报告完成质量情况			
5	汇报展示	20	汇报清晰熟练			
合计						
项目问题与改进：						